徐永陵 编

青少年跑射联项
教学与竞赛

化学工业出版社
·北京·

内 容 简 介

本书对跑射联项项目进行了通俗易懂的介绍，针对不同年龄段的跑射联项运动者设计了不同运动强度和运动量的方案，同时充分地满足了跑射联项教练员和体育工作者对项目规划及裁判法的需求。本书适合作为青少年跑射联项项目课程教材，也可作为指导青少年进行课外体育锻炼的实践指南。

图书在版编目（CIP）数据

青少年跑射联项教学与竞赛 / 徐永陵编. —北京：化学
工业出版社，2023.3
ISBN 978-7-122-42699-4

Ⅰ. ①青… Ⅱ. ①徐… Ⅲ. ①青少年-越野跑-现代五项全能运动-竞赛规则-中国②青少年-射击运动-现代五项全能运动-竞赛规则-中国 Ⅳ. ①G888.2

中国国家版本馆CIP数据核字（2023）第000376号

责任编辑：杨松淼　史　懿　　　　　　　　　装帧设计：盟诺文化
责任校对：王　静

出版发行：化学工业出版社　（北京市东城区青年湖南街 13 号　邮政编码 100011）
印　　装：大厂聚鑫印刷有限责任公司
710mm×1000mm　1/16　印张6$\frac{1}{4}$　字数150千字　2023年3月北京第1版第1次印刷

购书咨询：010-64518888　　　　　　　　　售后服务：010-64518899
网　　址：http://www.cip.com.cn

定　　价：68.00元　　　　　　　　　　　　　版权所有　违者必究

前　言

近几年，跑射联项项目在国内掀起了新兴运动项目的浪潮。短短几年时间，该项目便从无到有不断发展，逐渐形成了涵盖大学、中小学的跑射联项赛事体系，社会企业单位也时有涉足。北京市大学生体育协会跑射联项分会逐渐展现在人们面前，各地分会也在等待一场春雨，蓄势待发。

在跑射联项项目不断发展的过程中，国内却没有出版一本对跑射联项项目推广和介绍的文献，相对应的跑射联项赛事裁判法也只能在国际网站上下载学习。本书借鉴了近几年国内跑射联项赛事的竞赛经验，整理了国内外关于跑射联项的竞赛规则及裁判法，意在更好地助力国内跑射联项运动的发展及国内跑射联项运动平台的搭建。

本书对跑射联项项目的介绍通俗易懂，针对不同年龄段的跑射联项运动者设计了不同运动强度和运动量的方案；同时，充分地满足了跑射联项教练员和体育工作者对项目规则及裁判法的需求。本书适合作为青少年跑射联项项目课程教材，也可作为指导青少年进行课外体育锻炼的实践指南。

本书在编写过程中参考和引用了一些国内外数据和资料，因限于篇幅，未能一一注明，在此向作者深表谢忱！由于编者水平有限，书中难免有不足之处，敬请广大的专家、读者批评指正！

编　者
2023 年 1 月

目　录

第一章　跑射联项简介

第一节　跑射联项项目的诞生与特征

一、跑射联项项目的诞生

国际现代五项联盟（UIPM）为了增加现代五项比赛的观赏性，在 2008 年北京奥运会后推出了新规则，将越野跑和射击合二为一，即跑射联项（国际比赛中也将跑射联项叫作激光跑，国内比赛中跑射联项与激光跑的名称都有使用，跑射联项即是激光跑）。于 2009 年采用了新的比赛规则，自此现代五项比赛项目就变为了击剑、游泳、马术、跑射联项。跑射联项由此诞生。

跑射联项比赛是运动员在 3000 米的跑步过程中要分 3 次击中 15 个靶子（直径为 59.5 毫米），最先到达终点者获胜。比赛按照起跑 20 米后，先跑进靶场射击 5 个靶（只计命中不计环数），再出来跑 1000 米这样的顺序交替进行，直到打完 15 个靶和跑完 3000 米。射击 5 个靶的时间是 70 秒，不限子弹数，运动员命中 5 个靶之后就可以立即接着跑下一个 1000 米，否则必须等待 70 秒射击时间结束才可以出发跑下一程。在 2012 年伦敦奥运会后，国际现代五项联盟把 3×1000 米跑射改为了 4×800 米跑射，这样运动员需要完成总计 3200 米的跑步和分 4 次击中 20 个靶子（难度增大）。这样设置跑射联项比赛，就使得现代五项比赛既增加了观赏性，又增添了比赛过程的精彩程度，还使比赛结果具备了很

1

大的不确定性。

现代五项比赛正是因为设置了跑射联项，吸引力和观赏性才大大增强。但是因为马术、击剑等项目场地和器械的原因，使得现代五项在普及及推广方面存在较大的限制，所以国际现代五项联盟尝试创立一个既适合全民运动，又能够对现代五项起到普及与推广作用的项目。跑射联项的出现与其独特的项目价值使得国际现代五项联盟看到了希望，于是一个全新的原创项目——激光跑（Laser-run）应运而生。

"激光跑"是国际现代五项联盟为所有年龄段的人们打造的一项全民运动。其比赛场地多样，在海边、城市或者郊外均可，无论是中老年人还是青少年、儿童，都可以毫无压力地参加。它从 2015 年开始加入国际现代五项联盟的赛事大家庭。

二、跑射联项项目的特征

跑射联项比赛是每位参赛选手先跑到靶棚射击，正中 5 个才可以离开，继续跑步前进；每跑 800 米，停下来射击一次，如此循环四次，直至完成 3200 米的越野跑和四组射击（每组射击 5 个靶的时间是 50 秒）。由此可以看出跑射联项具备以下特点。

（1）该项目是中国哲学思想的体现。跑步与射击的结合，在项群理论中是一个典型的"异属两项组合"，一动一静、动静结合，充分体现了项目"张弛结合"的哲学思想。

（2）比赛形式与规则新颖、独特。从比赛形式来看，可个人赛，也可双人（男双、女双、混双）或多人（家庭亲子、男子四人、女子四人、男女混合四人）接力赛，还可单人或双人趣味赛等；从赛程来看，可依据年龄、性别等增加或缩短跑步距离（如 100 米、200 米、300 米、400 米、800 米）；从赛场设置来看，室内、室外（沙滩、风景区等）适合跑步的地方均可举行。所以，该项目非常适合在各类人群中开展。

（3）比赛过程与结果充满悬念。跑射联项比赛需要参赛者完成 3200 米的越野跑和四组射击（每组射击 5 个靶的时间是 50 秒），所以跑步快不一定是冠军，还需要把握射击的准度与时间。

正因为上述特点，所以该项目就具备了独特的锻炼价值：

（1）射击的练习侧重于提升个人个性的沉稳度；

（2）中距离的跑步则侧重提升个人的耐受力；

（3）"跑步＋射击"提升个人在面对重压时能够快速反应保持镇静的能力；

（4）团队形式的"跑步＋射击"比赛对提升个人在现代社会工作与生活中最需要的"沟通与协作"能力方面能够起到积极的作用。

第二节　跑射联项项目国内外发展历程

一、国际发展情况

2015年，国际现代五项联盟正式推出了激光跑世界锦标赛（UIPM Laser Run Championship）。第一届激光跑世界锦标赛于2015年在法国佩皮尼昂举行，第二届激光跑世界锦标赛于2016年在葡萄牙里斯本举行，第三届激光跑世界锦标赛于2017年在南非开普敦举行。

国际现代五项联盟自2016年开始酝酿将激光跑赛事分为激光跑世界锦标赛和激光跑世界城市巡回赛，目的是在世界各城市推广普及激光跑的同时，将城市巡回赛的最优选手选拔出来代表国家或地区参加每年一届的激光跑世界锦标赛。2017年4月1日，全球首站激光跑城市巡回赛在格鲁吉亚的第比利斯举行；2017年4月8日，第二场激光跑城市巡回赛在法国索塞莱潘举办。仅2017年一年的时间，国际现代五项联盟就在世界各地举办了60多场激光跑巡回赛，极大地推广和普及了激光跑。

随着激光跑在世界各地的普及，国际现代五项联盟为了使激光跑更为有趣、更有看头，依据激光跑和现代五项马术赛的特点，将激光跑的跑步环节改为了障碍跑步，即激光障碍跑。2017年2月，在美国洛杉矶举行了第一届激光障碍跑

测试赛（世界杯第一站）。2017 年 3 月，在埃及开罗举行了激光障碍跑世界杯第二站。激光障碍跑的成功举办，无疑为国际现代五项联盟增添了光彩。

二、国内发展情况

跑射联项项目在国内的推广，是在国家体育总局自行车击剑运动管理中心、中国现代五项协会的指导下，由北京市大学生体育协会、北京工业大学耿丹学院和功倍（北京）体育文化发展有限公司于 2016 年开始的。目前，跑射联项在国内的推广普及极其迅速。2017 年 5 月，北京市大学生体育协会成立了北京市大学生跑射联项分会。在中国现代五项协会和中国大学生体育协会、中国中学生体育协会的支持下，2016 年开始举办全国高校跑射联项锦标赛、大学生跑射联项分站赛、中小学生跑射联项挑战赛、青少年跑射联项夏令营、亲子跑射联项挑战赛等，2017 年开始组织跑射联项相关的裁判员培训、教练员培训等多项活动，各项活动参与人数众多，效果突出。

第二章　跑步教学与训练

第一节　少年 D 组（11～12 岁）教学与训练

一、教学任务和目的

1. 教学任务

（1）培养初学者对跑步的兴趣。

（2）促进身体正常发育，提高健康水平。

（3）全面发展身体素质，着重发展一般耐力水平。

（4）完成 D 组 2×400 米的比赛距离要求。

2. 教学目的

（1）训练内容以游戏、全面身体素质训练为主，包括田径、体操、游泳等其他体育项目，培养跑步的兴趣。

（2）跑的技术必须在各种跑的练习中加以贯彻。

（3）培养射击训练兴趣，使其具备一定的基本功，获得一定的基础能力。

（4）重点在掌握用力的顺序、方向和路线以及整体动作的自然放松协调。

二、教学内容和基本技术及身体素质

1. 教学内容

立定三级跳远，核心力量训练，草地上坡跑，60 米、100 米、600 米、800 米、

1000 米、1500 米、3000 米，5000 米越野跑。

2. 跑步的基本技术

少年 D 组（11～12 岁）跑步的基本技术见表 2-1。

表 2-1　少年 D 组（11～12 岁）跑步的基本技术

技术环节	技术特点	技术要求
起跑和起跑后的加速跑	起跑时保持身体重心稳定，听枪响后，快速反应，积极加速向前跑出，进入预定的靶位位置进行射击后转入途中跑	了解有关起跑技术的基本知识，学习起跑技术节奏
途中跑	上肢：肩关节放松，大小臂自然弯曲，以肩为轴用小臂带动大臂前后摆动，保持身体平衡 躯干：上体向前微倾，头与躯干成一直线，颈部放松，两眼平视前方 下肢：大腿积极快速前摆带髋，至适宜高度快速下压，小腿积极落地与地面几乎成直角。以前脚掌着地，形成较明显的"扒地"动作；着地后快速缓冲转入后蹬，后蹬积极送髋，快速伸展各关节	了解学习协调放松的跑步技术节奏
终点冲刺跑	在至终点的适当距离时，尽力加大摆臂动作，加快步频，保持步幅，用最快的速度冲过终点	了解终点冲刺技术的基本知识

3. 身体素质

身体素质包括速度素质、力量素质、耐力素质、灵敏素质。

（1）速度素质以位移速度、动作速度和反应速度练习来发展。

（2）力量素质以相对力量、速度力量、力量耐力、核心力量训练来发展。

（3）耐力素质以速度耐力、专项耐力、有氧耐力训练来发展。

（4）灵敏素质以游戏动作、提高反应速度和肌肉收缩频率的练习来发展。

建议：长距离内容少一些，短距离内容多一些；反应速度类手段要多样性，突出速度；谨慎安排过多的速度耐力训练，避免对心血管系统造成不利影响。

三、训练方法和负荷安排

（一）训练方法

1. 素质练习

（1）俯卧撑：一腿向上抬起，两腿交替练习。

（2）前抛实心球：两脚前后开立，双手持实心球于头后，做双手正面掷球。

（3）支撑高抬腿：后腿蹬伸，提拉腿与上身成90°，腰挺直，双腿交替进行。

（4）跨步跳实心球：在跑道上放置实心球，球的间隔因人而异。

（5）上坡跑：后腿蹬直，摆动腿大腿抬高，小腿自然下垂，腰部挺直，双腿交替进行。

（6）多级半蹲蛙跳：两脚左右开立，全蹲两臂后摆，蹬直腿同时两臂上摆，收腿落地，连续做练习。

（7）核心力量训练：腹桥、背桥、侧桥各60秒（主要要求动作标准规范）。

2. 跑步练习

每个教练的教学各有不同，下面只列举一个范例。

（1）速度练习（30米 +40米 +50米）×4。

（2）速度耐力（30米折返跑连续3次）×3。

（3）重复跑（400米 ×3）×2。

（4）有氧耐力6000米越野跑。

（5）跨步跳 +60米加速跑。

3. 协调与柔韧的练习

（1）伸展体操。

（2）肩、肘、腕练习。

（3）髋、膝、踝练习。

（4）胸部练习。

（5）背部练习。

（6）腰腹部练习。

4. 心理训练

（1）教练员的语言刺激，对各种困难环境的适应性训练。

（2）运动者自己的心理暗示，对正确技术的表象重现练习，心理放松练习等。

（3）放松训练：渐进放松、自生法放松、调息放松。

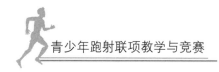

（4）注意训练：注意范围训练、注意集中训练、注意分配训练、注意转移训练；表象训练；控制性表象训练；生物反馈训练。

5.恢复训练

（1）肢体的各种牵拉练习。

（2）放松体操。

（3）按摩放松。

（二）训练负荷的基本要求

少年 D 组（11～12 岁）训练负荷的基本要求见表 2-2。

表 2-2　少年 D 组（11～12 岁）训练负荷的基本要求

内容		负荷
训练时间	一次训练课时间	1～1.5 小时
	每周训练次数	3～4 次
	全年训练次数	140～180 次
不同训练内容比例	年全面身体训练	75%
	年专项身体训练	10%
	年专项技术训练	15%
训练负荷量	训练负荷量指导原则： 1. 综合考虑全年比赛次数、年度负荷总量、最大周负荷量、最大课负荷量 2. 在该年龄组，跑射联项包括两个单项的训练（跑步训练和射击训练），跑步训练要统筹考虑射击单项的协调配合来安排	
不同代谢训练负荷量比例	中跑	有氧代谢	80%
		有氧无氧混合代谢	15%
		无氧代谢	5%
	长跑	有氧代谢	85%
		有氧无氧混合代谢	10%
		无氧代谢	5%

四、考核和评定标准

少年 D 组（11～12 岁）评定标准具体见表 2-3、表 2-4。

表 2-3 少年 D 组（11～12 岁）男子评定标准

体能素质项目										专项跑步
俯卧撑	前抛实心球	后抛实心球	立定跳远	立定三级跳远	腹桥	背桥	侧桥	60 米跑	1000 米跑	800 米跑
25 个	8 米	8 米	2 米	6 米	40 秒	40 秒	30 秒	9 秒	3 分 40 秒	2 分 40 秒

表 2-4 少年 D 组（11～12 岁）女子评定标准

体能素质项目										专项跑步
俯卧撑	前抛实心球	后抛实心球	立定跳远	立定三级跳远	腹桥	背桥	侧桥	60 米跑	1000 米跑	800 米跑
20 个	7 米	7 米	1.8 米	5 米	40 秒	40 秒	30 秒	10 秒	3 分 50 秒	3 分

第二节　少年 C 组（13～14 岁）教学与训练

一、教学任务和目的

1. 教学任务

（1）培养初学者对跑步的兴趣。

（2）促进身体正常发育，提高健康水平。

（3）全面发展身体素质，着重发展动作速度、灵敏性，提高一般耐力水平。

（4）掌握正确的跑步技术、合理的节奏，初步掌握射击技术、射击基本功，了解学习跑射联项基本知识和规则。

（5）完成 C 组 2×800 米的比赛距离要求。

2. 教学目的

（1）训练内容以全面身体素质训练为主，注意有氧耐力的发展。

（2）跑的技术必须在各种跑的练习中加以贯彻。

（3）重点在掌握用力的顺序、方向和路线以及整体动作的自然放松协调。

（4）射击主要培养注意力集中、抗干扰能力，附带小强度的跑射结合训练。

（5）负荷量和强度要适合青少年训练要求，打好基本功训练，防止训练成人化。

建议：这个阶段是速度敏感期，应该积极围绕这个特点安排相应的速度训练内容，其训练手段的运用应有利于发展速度素质。

二、教学内容和基本技术及身体素质

1. 教学内容

立定三级跳远，核心力量训练，草地上坡跑，60 米、100 米、600 米、800 米、1000 米、1500 米、3000 米，8000 米越野跑。

2. 跑步的基本技术

少年 C 组（13 ~ 14 岁）跑步的基本技术具体见表 2-5。

表 2-5　少年 C 组（13 ~ 14 岁）跑步的基本技术

技术环节	技术特点	技术要求
起跑和起跑后的加速跑	起跑时保持身体重心稳定，听枪响后，快速反应，积极加速向前跑出，进入预定的靶位位置进行射击后转入途中跑	了解有关起跑技术的基本知识，学习起跑技术节奏
途中跑	上肢：肩关节放松，大小臂自然弯曲，以肩为轴用小臂带动大臂前后摆动，保持身体平衡 躯干：上体向前微倾，头与躯干成一直线，颈部放松，两眼平视前方 下肢：大腿积极快速前摆带髋，至适宜高度快速下压，小腿积极落地与地面几乎成直角。以前脚掌着地，形成较明显的"扒地"动作；着地后快速反冲转入后蹬，后蹬积极送髋，快速伸展各关节	了解学习协调放松的跑步技术节奏
终点冲刺跑	在至终点的适当距离时，尽力加大摆臂动作，加快步频，保持步幅，用最快的速度冲过终点	了解终点冲刺技术的基本知识

3. 身体素质

身体素质包括速度素质、力量素质、耐力素质、灵敏素质。

（1）速度素质以位移速度、动作速度和反应速度训练来发展。

（2）力量素质以相对力量、速度力量、力量耐力、核心力量训练来发展。

（3）耐力素质以速度耐力、专项耐力、有氧耐力训练来发展。

（4）灵敏素质以游戏动作，提高反应速度和肌肉收缩频率的练习来发展。

三、训练方法和负荷安排

（一）训练方法

1. 素质练习

（1）摆臂练习：左右手持小哑铃连续摆臂。

（2）俯卧撑：一腿向上抬起，两腿交替做练习。

（3）前抛实心球：两脚前后开立，双手持实心球于头后，做双手正面掷球。

（4）支撑高抬腿：后腿蹬伸，提拉腿与上身成90°，腰挺直，双腿交替进行。

（5）跨步跳实心球：在跑道上放置实心球，球的间隔因人而异。

（6）上坡跑：后腿蹬直，摆动腿大腿抬高，小腿自然下垂，腰部挺直，双腿交替进行。

（7）多级半蹲蛙跳：两脚左右开立，全蹲两臂后摆，蹬直腿同时两臂上摆，收腿落地，连续做练习。

（8）核心力量训练：腹桥、背桥、侧桥各60秒，适当增加组数（注重动作的标准规范）。

2. 跑步练习

每个教练的教学各有不同，下面只列举一个范例。

（1）速度练习（30米 +40米 +50米）×5。

（2）速度耐力（30米折返跑连续3次）×3。

（3）重复跑（800米 ×2）×2。

（4）有氧耐力8000米越野跑。

（5）跨步跳 +60米加速跑。

（6）跑射结合训练，射击热身20分钟，50米跑步进靶位射击10次，100米跑步进靶位射击5次，跑步与射击专项训练结合练习。

3. 协调与柔韧的练习

（1）伸展体操。

（2）肩、肘、腕练习。

（3）髋、膝、踝练习。

（4）胸部练习。

（5）背部练习。

（6）腰腹部练习。

4. 心理训练

（1）教练员的语言刺激，对各种困难环境的适应性训练。

（2）运动者自己的心理暗示，对正确技术的表象重现练习，心理放松练习等。

（3）放松训练：渐进放松、自生法放松、调息放松。

（4）注意训练：注意范围训练、注意集中训练、注意分配训练、注意转移训练；表象训练；控制性表象训练；生物反馈训练。

5. 恢复训练

（1）肢体的各种牵拉练习。

（2）放松体操。

（3）按摩放松。

（二）训练负荷的基本要求

少年 C 组（13 ～ 14 岁）训练负荷的基本要求见表 2-6。

表 2-6　少年 C 组（13 ～ 14 岁）训练负荷的基本要求

内容		负荷
训练时间	一次训练课时间	1 ～ 1.5 小时
	每周训练次数	4 ～ 5 次
	全年训练次数	180 ～ 220 次
不同训练内容比例	年全面身体训练	60%
	年专项身体训练	25%
	年专项技术训练	15%

内容	负荷		
训练负荷量	训练负荷量指导原则： 1. 综合考虑全年比赛次数、年度负荷总量、最大周负荷量、最大课负荷量 2. 在该年龄组，跑射联项包括两个单项的训练（跑步训练和射击训练），跑步训练要统筹考虑射击单项的协调配合来安排		
不同代谢训练负荷量比例	中跑	有氧代谢	80%
		有氧无氧混合代谢	15%
		无氧代谢	5%
	长跑	有氧代谢	85%
		有氧无氧混合代谢	10%
		无氧代谢	5%

四、考核和评定标准

少年 C 组（13 ～ 14 岁）评定标准具体见表 2-7、表 2-8。

表 2-7　少年 C 组（13 ～ 14 岁）男子评定标准

体能素质项目										专项跑射
俯卧撑	前抛实心球	后抛实心球	立定跳远	立定三级跳远	腹桥	背桥	侧桥	60 米跑	1000 米跑	2×800 米跑
30 个	9 米	9 米	2.2 米	6.5 米	50 秒	50 秒	40 秒	8 秒	3 分 30 秒	6 分 20 秒

表 2-8　少年 C 组（13 ～ 14 岁）女子评定标准

体能素质项目										专项跑射
俯卧撑	前抛实心球	后抛实心球	立定跳远	立定三级跳远	腹桥	背桥	侧桥	60 米跑	1000 米跑	2×800 米跑
25 个	8 米	8 米	2 米	5.5 米	50 秒	50 秒	40 秒	9 秒	3 分 40 秒	7 分

第三节　少年 B 组（15 ～ 16 岁）教学与训练

一、教学任务和目的

1. 教学任务

（1）培养从事体育的事业心和敢于克服困难的意志品质。

（2）继续提高身体素质水平，着重提高动作速度和一般耐力。

（3）提高跑步专项能力训练。

（4）掌握正确的跑射技术。

（5）完成 3×800 米的跑射距离。

2. 教学目的

（1）训练内容以全面身体训练为主，结合跑射联项的训练特点，逐步转向专项基础训练。

（2）技术练习要求提高技术素养水平。

（3）在技术训练中着重抓好跑射动作的节奏训练，并在此基础上逐步提高要求。

（4）通过理论学习和参加比赛提高比赛战术。

（5）结合训练实际，采用理论讲解和学习优秀运动员成长事例，培养训练热情和自觉性。

建议：这个阶段主要训练内容还应是速度，所以耐力项目发展晚一点是比较合理的。对于跑射联项运动来说，速度发展并不一定会影响耐力水平。

二、教学内容和基本技术及身体素质

1. 教学内容

后蹬跑，跨步跳，100 米、600 米、800 米、1000 米、1500 米、3000 米，8000 米越野跑。

2. 跑步的基本技术

少年 B 组（15 ～ 16 岁）跑步的基本技术具体见表 2-9。

表 2-9 少年 B 组（15 ～ 16 岁）跑步的基本技术

技术环节	技术特点	技术要求
起跑和起跑后的加速跑	起跑时保持身体重心稳定，听枪响后，快速反应，积极加速向前跑出，进入预定的靶位位置进行射击后转入 800 米跑	起跑快，加速动作有力，加速效果好
途中跑	上肢：肩关节放松，大小臂自然弯曲，以肩为轴用小臂带动大臂前后摆动，保持身体平衡 躯干：上体向前微倾，头与躯干成一直线，颈部放松，两眼平视前方 下肢：大腿积极快速前摆带髋，至适宜高度快速下压，小腿积极落地与地面几乎成直角。以前脚掌着地，形成较明显的"扒地"动作；着地后快速缓冲转入后蹬，后蹬积极送髋，快速伸展各关节	改进途中跑的技术，强调上下肢的协调配合及下肢的支撑、蹬伸的效果
终点冲刺跑	在至终点的适当距离时，尽力加大摆臂动作，加快步频，保持步幅，用最快的速度冲过终点	在自我意志力的控制下努力完成冲刺跑

3. 身体素质

身体素质包括速度素质、力量素质、耐力素质、灵敏素质。

（1）速度素质以位移速度、动作速度和反应速度训练来发展。

（2）力量素质以相对力量、速度力量、力量耐力、核心力量训练来发展。

（3）耐力素质以速度耐力、专项耐力、有氧耐力训练来发展。

（4）灵敏素质以游戏动作，提高反应速度和肌肉收缩频率的练习来发展。

三、训练方法和负荷安排

（一）训练方法

1. 素质练习

（1）摆臂练习：左右手持小哑铃连续摆臂。

（2）俯卧撑：一腿向上抬起，两腿交替做练习。

（3）前抛实心球：两脚前后开立，双手持实心球于头后，做双手正面掷球。

（4）支撑高抬腿：后腿蹬伸，提拉腿与上身成 90°，腰挺直，两腿交替进行。

（5）跨步跳实心球：在跑道上放置实心球，球的间隔因人而异。

（6）上坡跑：后腿蹬直，摆动腿大腿抬高，小腿自然下垂，腰部挺直，两腿交替进行。

（7）多级半蹲蛙跳：两脚左右开立，全蹲两臂后摆，蹬直腿同时两臂上摆，收腿落地，连续做练习。

（8）核心力量训练：腹桥、背桥、侧桥各 60 秒，适当增加组数（注重动作的标准规范）。

2. 跑步练习

每个教练的教学各有不同，下面只列举一个范例。

（1）速度练习（30 米 +40 米 +50 米）×5。

（2）速度耐力（30 米折返跑连续 3 次）×3。

（3）重复跑（800 米 ×3）×2。

（4）有氧耐力 8000 米越野跑。

（5）跨步跳 +60 米加速跑。

（6）跑射结合训练，射击热身 20 分钟，50 米跑步进靶位射击 10 次，100 米跑步进靶位射击 5 次，或者 400 米跑步进靶位射击 8 次。

3. 协调与柔韧的练习

（1）伸展体操。

（2）肩、肘、腕练习。

（3）髋、膝、踝练习。

（4）胸部练习。

（5）背部练习。

（6）腰腹部练习。

4. 心理训练

（1）教练员的语言刺激，对各种困难环境的适应性训练。

（2）运动者自己的心理暗示，对正确技术的表象重现练习，心理放松练习等。

（3）放松训练：渐进放松、自生法放松、调息放松。

（4）注意训练：注意范围训练、注意集中训练、注意分配训练、注意转移训练；表象训练；控制性表象训练；生物反馈训练。

5.恢复训练

（1）肢体的各种牵拉练习。

（2）放松体操。

（3）按摩放松。

（二）训练负荷的基本要求

少年 B 组（15～16 岁）训练负荷的基本要求见表2-10。

表2-10　少年 B 组（15～16 岁）训练负荷的基本要求

内容		负荷
训练时间	一次训练课时间	1.5～2 小时
	每周训练次数	3～4 次
	全年训练次数	180～220 次
不同训练内容比例	年全面身体训练	50%
	年专项身体训练	30%
	年专项技术训练	20%
训练负荷量	训练负荷量指导原则： 1.综合考虑全年比赛次数、年度负荷总量、最大周负荷量、最大课负荷量 2.在该年龄组，跑射联项包括两个单项的训练（跑步训练和射击训练），跑步训练要统筹考虑射击单项的协调配合来安排	
不同代谢训练负荷量比例	中跑	有氧代谢
		有氧无氧混合代谢
		无氧代谢
	长跑	有氧代谢
		有氧无氧混合代谢
		无氧代谢

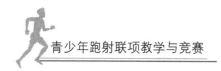

四、考核和评定标准

少年 B 组（15 ～ 16 岁）评定标准具体见表 2-11、表 2-12。

表 2-11 少年 B 组（15 ～ 16 岁）男子评定标准

| 俯卧撑 | 体能素质项目 | | | | | | | | | 专项跑射 |
	前抛实心球	后抛实心球	立定跳远	立定三级跳远	腹桥	背桥	侧桥	60 米跑	1000 米跑	3×800 米跑
40 个	10 米	10 米	2.3 米	7 米	60 秒	60 秒	60 秒	8 秒	3 分 25 秒	9 分 30 秒

表 2-12 少年 B 组（15 ～ 16 岁）女子评定标准

| 俯卧撑 | 体能素质项目 | | | | | | | | | 专项跑射 |
	前抛实心球	后抛实心球	立定跳远	立定三级跳远	腹桥	背桥	侧桥	60 米跑	1000 米跑	3×800 米跑
30 个	9 米	9 米	2.2 米	6 米	60 秒	60 秒	50 秒	9 秒	3 分 35 秒	10 分 50 秒

第四节　少年 A 组（17 ～ 18 岁）教学与训练

一、教学任务和目的

1. 教学任务

（1）培养事业心、坚强的意志品质和勇攀高峰的精神，进一步加强心理训练。

（2）不断提高专项能力，保持身体素质水平。

（3）逐步提高跑步技战术水平。

（4）提高跑步专项能力训练。

（5）培养独立训练和独立参加比赛的能力。

（6）完成 4×800 米的跑射比赛距离。

2. 教学目的

（1）在进行强化专项训练的过程中，仍应适当注意全面的身体素质训练。

（2）技术练习的同时提高技术素养水平。

（3）安排必要的心理训练以及进行比赛作风培养,加强医务监督和恢复措施,以适应高级训练和参加大型比赛的需要。

（4）通过理论学习和参加比赛改善比赛技战术。

（5）加大全程技术训练的比重,使运动者在较大强度练习中,提高技术的稳定性。

二、教学内容和基本技术及身体素质

1. 教学内容

后蹬跑,跨步跳,100 米、600 米、800 米、1000 米、1500 米、3000 米,10000 米越野跑。

2. 基本技术

少年 A 组（17 ～ 18 岁）跑步的基本技术具体见表 2-13。

表 2-13 少年 A 组（17 ～ 18 岁）跑步的基本技术

技术环节	技术特点	技术要求
起跑和起跑后的加速跑	起跑时保持身体重心稳定,听枪响后,快速反应,积极加速向前跑出,进入预定的靶位位置进行射击后转入800 米跑	根据比赛战术安排选择起跑及加速方式,加速效果好
途中跑	上肢:肩关节放松,大小臂自然弯曲,以肩为轴用小臂带动大臂前后摆动,保持身体平衡 躯干:上体向前微倾,头与躯干成一直线,颈部放松,两眼平视前方 下肢:大腿积极快速前摆带髋,至适宜高度快速下压,小腿积极落地与地面几乎成直角。以前脚掌着地,形成较明显的"扒地"动作;着地后快速缓冲转入后蹬,后蹬积极送髋,快速伸展各关节	完善途中跑的技术,强调整体的协调配合,提高途中跑技术的经济性与时效性
终点冲刺跑	在至终点的适当距离时,尽力加大摆臂动作,加快步频,保持步幅,用最快的速度冲过终点	在保证技术的前提下,完成冲刺跑

3. 身体素质

身体素质包括速度素质、力量素质、耐力素质、灵敏素质。

（1）速度素质以位移速度、动作速度和反应速度训练来发展。

（2）力量素质以相对力量、速度力量、力量耐力、核心力量训练来发展。

（3）耐力素质以速度耐力、专项耐力、有氧耐力训练来发展。

（4）灵敏素质以游戏动作，提高反应速度和肌肉收缩频率的练习来发展。

三、训练方法和负荷安排

（一）训练方法

1. 素质练习

（1）摆臂练习：左右手持小哑铃连续摆臂。

（2）俯卧撑：一腿向上抬起，两腿交替做练习。

（3）前抛实心球：两脚前后开立，双手持实心球于头后，做双手正面掷球。

（4）支撑高抬腿：后腿蹬伸，提拉腿与上身成90°，腰挺直，两腿交替进行。

（5）跨步跳实心球：在跑道上放置实心球，球的间隔因人而异。

（6）上坡跑：后腿蹬直，摆动腿大腿抬高，小腿自然下垂，腰部挺直，两腿交替进行。

（7）多级半蹲蛙跳：两脚左右开立，全蹲两臂后摆，蹬直腿同时两臂上摆，收腿落地，连续做练习。

（8）核心力量训练：腹桥、背桥、侧桥各60秒，适当增加组数和升级难度（注重动作的标准规范）。

2. 跑步练习

每个教练的教学各有不同，下面只列举一个范例。

（1）速度练习（30米+40米+50米）×6。

（2）速度耐力（30 米折返跑连续 5 次）×3。

（3）重复跑（800 米 ×2）×2，或者 400 米 ×10 等。

（4）有氧耐力 10 千米越野跑。

（5）跨步跳 +60 米加速跑。

（6）跑射结合训练，射击热身 10 分钟，跑步热身 3000 米，50 米加速跑进靶位射击 8 次，结合重复跑或耐力跑的内容进行跑射联项训练。

3. 协调与柔韧的练习

（1）伸展体操。

（2）肩、肘、腕练习。

（3）髋、膝、踝练习。

（4）胸部练习。

（5）背部练习。

（6）腰腹部练习。

4. 心理训练

（1）教练员的语言刺激，对各种困难环境的适应性训练。

（2）运动者自己的心理暗示，对正确技术的表象重现练习，心理放松练习等。

（3）放松训练：渐进放松、自生法放松、调息放松。

（4）注意训练：注意范围训练、注意集中训练、注意分配训练、注意转移训练；表象训练；控制性表象训练；生物反馈训练。

5. 恢复训练

（1）肢体的各种牵拉练习。

（2）放松体操。

（3）按摩放松。

（二）训练负荷的基本要求

少年 A 组（17 ～ 18 岁）训练负荷的基本要求见表 2-14。

表 2-14　少年 A 组（17 ～ 18 岁）训练负荷的基本要求

内容		负荷	
训练时间	一次训练课时间	1.5 ～ 2 小时	
	每周训练次数	4 ～ 5 次	
	全年训练次数	200 ～ 240 次	
不同训练内容比例	年全面身体训练	30%	
	年专项身体训练	50%	
	年专项技术训练	20%	
训练负荷量	训练负荷量指导原则： 1. 综合考虑全年比赛次数、年度负荷总量、最大周负荷量、最大课负荷量 2. 在该年龄组，跑射联项包括两个单项的训练（跑步训练和射击训练），跑步训练要统筹考虑射击单项的协调配合来安排		
不同代谢训练负荷量比例	中跑	有氧代谢	50%
		有氧无氧混合代谢	35%
		无氧代谢	15%
	长跑	有氧代谢	50%
		有氧无氧混合代谢	35%
		无氧代谢	15%

四、考核和评定标准

少年 A 组（17 ～ 18 岁）评定标准见表 2-15、表 2-16。

表 2-15　少年 A 组（17 ～ 18 岁）男子评定标准

体能素质项目										专项跑射
俯卧撑	前抛实心球	后抛实心球	立定跳远	立定三级跳远	腹桥	背桥	侧桥	60 米跑	1000 米跑	4×800 米跑
45 个	10 米	10 米	2.4 米	7.5 米	60 秒	60 秒	50 秒	7 秒	3 分 20 秒	12 分 30 秒

表 2-16　少年 A 组（17 ～ 18 岁）女子评定标准

体能素质项目										专项跑射
俯卧撑	前抛实心球	后抛实心球	立定跳远	立定三级跳远	腹桥	背桥	侧桥	60 米跑	1000 米跑	4×800 米跑
35 个	9 米	9 米	2.3 米	6.5 米	60 秒	60 秒	50 秒	8 秒	3 分 30 秒	14 分 10 秒

第五节　青年组（19～21岁）教学与训练

一、教学任务和目的

1. 教学任务

（1）保持全面身体训练水平，使专项身体训练达到最高水平。

（2）继续完善技术，形成个人的技术风格，充分发挥自己的潜力。

（3）积极参加比赛，积累大赛比赛经验，掌握个人竞技状态，形成规律，保证在大型比赛中创造优异成绩。

（4）加强理论学习，提高个人的理论水平。

（5）提高独立训练和参加比赛的能力。

（6）完成 4×800 米的跑射比赛距离。

2. 教学目的

（1）训练突出强度要求，在素质与技术的动态协调发展中，提高专项训练水平。

（2）比赛与训练有机结合，通过比赛提高运动者的比赛能力和训练强度，专项成绩基本达到个人最高水平。

（3）针对个人特点，采用不同的心理训练，加强医务监督、营养及恢复等措施，以保证参加重大比赛。

（4）安排有关的理论学习和相关知识学习，提高运动者的文化修养及自我管理能力，强化比赛技战术。

二、教学内容和基本技术及身体素质

1. 教学内容

后蹬跑，跨步跳，100米、600米、800米、1000米、1500米、3000米，12千米越野跑。

2. 基本技术

青年组（19～21岁）跑步的基本技术具体见表2-17。

表2-17　青年组（19～21岁）跑步的基本技术

技术环节	技术特点	技术要求
起跑和起跑后的加速跑	起跑时保持身体重心稳定，听枪响后，快速反应，积极加速向前跑出，进入预定的靶位位置进行射击后转入800米跑	根据比赛战术安排选择起跑及加速方式，加速效果好
途中跑	上肢：肩关节放松，大小臂自然弯曲，以肩为轴用小臂带动大臂前后摆动，保持身体平衡 躯干：上体向前微倾，头与躯干成一直线，颈部放松，两眼平视前方 下肢：大腿积极快速前摆带髋，至适宜高度快速下压，小腿积极落地与地面几乎成直角。以前脚掌着地，形成较明显的"扒地"动作；着地后快速缓冲转入后蹬，后蹬积极送髋，快速伸展各关节	完善途中跑的技术，强调整体的协调配合，提高途中跑技术的经济性与时效性
终点冲刺跑	在至终点的适当距离时，尽力加大摆臂动作，加快步频，保持步幅，用最快的速度冲过终点	在保证技术的前提下，完成冲刺跑

3. 身体素质

身体素质包括速度素质、力量素质、耐力素质、灵敏素质。

（1）速度素质以位移速度、动作速度和反应速度训练来发展。

（2）力量素质以相对力量、速度力量、力量耐力、核心力量训练来发展。

（3）耐力素质以速度耐力、专项耐力、有氧耐力训练来发展。

（4）灵敏素质以游戏动作，提高反应速度和肌肉收缩频率的练习来发展。

三、训练方法和负荷安排

（一）训练方法

1. 素质练习

（1）摆臂练习：左右手持小哑铃连续摆臂。

（2）俯卧撑：一腿向上抬起，两腿交替做练习。

（3）前抛实心球：两脚前后开立，双手持实心球于头后，做双手正面掷球。

（4）支撑高抬腿：后腿蹬伸，提拉腿与上身成 90°，腰挺直，两腿交替进行。

（5）跨步跳实心球：在跑道上放置实心球，球的间隔因人而异。

（6）上坡跑：后腿蹬直，摆动腿大腿抬高，小腿自然下垂，腰部挺直，两腿交替进行。

（7）多级半蹲蛙跳：两脚左右开立，全蹲两臂后摆，蹬直腿同时两臂上摆，收腿落地，连续做练习。

（8）核心力量训练：腹桥、背桥、侧桥各 60 秒，适当增加组数和升级难度（注重动作的标准规范）。

2. 跑步练习

每个教练的教学各有不同，下面只列举一个范例。

（1）速度练习（30 米 +40 米 +50 米）×6。

（2）速度耐力（30 米折返跑连续 6 次）×3。

（3）重复跑（800 米 ×4）×2，或者 400 米 ×12 等。

（4）有氧耐力 12 千米越野跑。

（5）跨步跳 +60 米加速跑。

（6）跑射结合训练，射击热身 20 分钟，50 米跑进靶位射击 10 次，结合重复跑或者耐力跑的内容进行"跑射联项"训练。

3. 协调与柔韧的练习

（1）伸展体操。

（2）肩、肘、腕练习。

（3）髋、膝、踝练习。

（4）胸部练习。

（5）背部练习。

（6）腰腹部练习。

4. 心理训练

（1）教练员的语言刺激，对各种困难环境的适应性训练。

（2）运动者自己的心理暗示，对正确技术的表象重现练习，心理放松练习等。

（3）放松训练：渐进放松、自生法放松、调息放松。

（4）注意训练：注意范围训练、注意集中训练、注意分配训练、注意转移训练、表象训练、控制性表象训练、生物反馈训练。

5. 恢复训练

（1）肢体的各种牵拉练习。

（2）放松体操。

（3）放松按摩。

（二）训练负荷的基本要求

青年组（19～21岁）训练负荷的基本要求见表2-18。

表2-18　青年组（19～21岁）训练负荷的基本要求

内容			负荷	
训练时间	一次训练课时间		2.5～3小时	
	每周训练次数		10～12次	
	全年训练次数		400～550次	
不同训练内容比例	年全面身体训练		20%	
	年专项身体训练		70%	
	年专项技术训练		10%	
训练负荷量	训练负荷量指导原则： 1. 综合考虑全年比赛次数、年度负荷总量、最大周负荷量、最大课负荷量 2. 在该年龄段，跑射联项包括两个单项的训练（跑步训练和射击训练），跑步训练要统筹考虑射击单项的协调配合来安排			
不同代谢训练负荷量比例	中跑	有氧代谢		45%
		有氧无氧混合代谢		35%
		无氧代谢		20%
	长跑	有氧代谢		45%
		有氧无氧混合代谢		40%
		无氧代谢		15%

四、考核和评定标准

青年组（19～21 岁）评定标准具体见表 2-19、表 2-20。

表 2-19　青年组（19～21 岁）男子评定标准

体能素质项目										专项跑射
俯卧撑	前抛实心球	后抛实心球	立定跳远	立定三级跳远	腹桥	背桥	侧桥	60 米跑	1000 米跑	4×800 米跑
50 个	11 米	11 米	2.5 米	7.5 米	60 秒	60 秒	60 秒	7 秒	3 分 10 秒	12 分 10 秒

表 2-20　青年组（19～21 岁）女子评定标准

体能素质项目										专项跑射
俯卧撑	前抛实心球	后抛实心球	立定跳远	立定三级跳远	腹桥	背桥	侧桥	60 米跑	1000 米跑	4×800 米跑
40 个	10 米	10 米	2.3 米	6.5 米	60 秒	60 秒	60 秒	8 秒	3 分 25 秒	13 分 50 秒

第三章　射击教学与训练

第一节　少年 D 组（11～12 岁）教学与训练

一、教学对象、目的和任务

1. 适宜从事业余射击训练的年龄

启蒙阶段可以从 10～12 岁开始。

2. 主要教学目的和任务

培养兴趣，学习射击常识及简单射击动作，为以后的训练打下基础。

二、教学内容和基本技术及身体素质要求

（一）射击姿势动作规范

姿势动作结构应符合生物学及力学原理，根据人体生理结构和形态特点，做到姿势稳定、结构合理、动作协调。

（1）握把：结合运动者手型特点，根据规则合理进行握把（木套）整修。正确确定虎口、大鱼际、小鱼际及中指、无名指、小指、拇指在握把上的位置，虎口中线应对应照门中心位置，握把前后的握力应大于左右的握力。要特别注意食指的位置，将其第二节轻靠木套放在食指托上，做到感觉舒适、动作灵活。握

把的松紧程度应适中，手的各部位用力应均匀，无压痛感，以手感舒适、平正准星稳定、持久为原则。

（2）站立：两脚自然站立，开度约与肩同宽，或略小于肩宽；两脚尖基本平齐或左脚稍突出；两腿受力均衡，上体下沉；身体重心落在脚掌上，或略偏于左脚；微挺小腹，胯向前送出，身体稍向右转，自然塌腰，上体稍向后倾。头部自然右转并保持正直，颈部力求正直，下颌微收，眼睛平视。

（3）举枪：持枪的手臂以肩为轴，固定好肘腕关节后向目标方向伸出，肩胛带稍向躯干方向内收并塌肩；肘关节稍用力伸直，使肩臂和握枪的力结合确实，自然协调；持枪手臂与身体的夹角一般在145°～165°之间，不宜过大或过小，应感觉舒适、协调，做到"自然平正"。

（4）瞄准：在正确举枪的基础上，"平正准星"后自然指向"瞄区"。射击者应把主要的视力、注意力用于准照关系的平正，做到"具实靶虚""视力回收"。正确的瞄准景况应该是：准星、缺口的平正关系非常清晰并相对稳定，靶子的形象较为模糊。

（5）击发：以持枪手食指第一节中前部接触扳机。具体要求：①食指单独用力；②食指正直向后用力；③食指均匀用力。以上3点的目的都是为了保证扣扳机时握枪力量不变，减少因扣扳机动作的力量变化对枪支稳定的影响。④击发时机：力求在平正准星进入瞄区后第一稳定期中前段达到自然击发。

（6）保持：击发后不换气，在保持身体各部位用力不变、瞄准景况不变的基础上，继续坚持3～5秒。

（二）基本技术训练步骤及技术要求

1.训练时间

1～2年（基本技术成型阶段）。

2.使用器械

气手枪、激光枪、哑铃（1000～1250克）。

3.训练步骤

规范姿势动作，初步熟悉和掌握"举枪—瞄准—击发—保持"的动作要领和程序。

（1）学会正确握把。

（2）掌握瞄准要领，学会视力回收。

（3）学会预压扳机，做到预压后食指单独、正直、均匀扣压扳机。

（4）综合训练：瞄扣协调配合的重点是边瞄边扣，自然击发。

（5）空枪预习与实弹射击的比重约为 80% 和 20%。实弹训练使用电子靶、带电脑环数显示的高级靶，使用气手枪实弹。目的是检验训练效果，培养运动员对射击项目的兴趣。

4. 技术要求

基本掌握动作要领和程序，初步做到动作规范、姿势稳定并大致定型。一次预习能坚持 50 分钟，一次持续举枪能坚持 90 秒，单发举枪击发时间不超过 12 秒。

（三）身体素质要求

该年龄段射击所需的身体素质训练可以包含在跑射联项体能训练中进行，具体内容主要以基础力量、平衡能力、核心力量训练方面为主。

三、训练方法和负荷安排

（一）训练手段

基本技术训练手段应根据训练对象、条件的不同而异。

1."平正准星"训练

瞄准训练中把"平正准星"作为重点，强调"视力回收"，把注意力集中在"平正"关系上。前三个月主要对白墙、白靶预习，实弹射击只对白靶进行无要求的体会或密度射击。

2. 扣扳机训练

预习或实弹射击中特别要求食指扣扳机时做到单独、正直、均匀地用力，自然击发。还可采用下列方法进行辅助练习，以增加食指的灵活性和单独运动的能力。

（1）模拟正确的举枪射击姿势动作，徒手做均匀举臂，到达瞄区后食指连续、反复地做扣扳机动作。

（2）徒手成握把状，可在任何条件下反复模拟进行食指单独扣扳机练习，锻炼食指扣扳机的灵活性和控制能力。

（3）稳定性训练，可采用单发限定时间的持续举枪练习，并根据训练对象及水平的不同，采用不同的持续举枪时间练习。

（二）训练负荷安排

少年 D 组（11～12 岁）训练负荷安排具体见表 3-1。

表 3-1 少年 D 组（11～12 岁）训练负荷安排

项目	每课时	周课次	月课次	年课次	持久力训练	平正准星训练	扣扳机训练	实弹训练	趣味练习
第一年	90 分钟	2～3 次	8～10 次	100～120 次	25%	25%	25%	20%	5%
第二年	90 分钟	3～4 次	8～10 次	120～130 次	30%	25%	25%	20%	0%

四、考核和评定标准

少年 D 组（11～12 岁）考核和评定标准具体见表 3-2。

表 3-2 少年 D 组（11～12 岁）考核和评定标准

考核内容	评定标准
1 分钟（60 秒）持久力举枪（间歇 30 秒）	运动者举枪姿势平稳不变，保持 36 秒以上为及格；激光光点稳定在 7 环靶心内晃动，保持 36 秒以上为及格
一次性持久力举枪	运动者举枪姿势平稳不变，保持 90 秒以上为及格
20 发慢射射击密度	慢射密度≤7 环靶心范围，20 发记分慢射≥160 环为及格

第二节　少年 C 组（13 ~ 14 岁）教学与训练

一、教学目的和任务

进行基本技术综合训练，以完整技术的综合训练为主。严格要求达到姿势定型、掌握射击项目的基本技术要领。巩固、强化基本技术，同时逐步开始接触速射技术。

二、教学内容和基本技术及身体素质要求

（一）学习手枪速射方面的知识

1. 速射的特点

手枪速射是单臂持枪，在规定时间内，对 10 米距离的环靶进行射击。其主要动作特点是快、稳、准、灵活、协调一致。

（1）快：准备动作简洁，起枪反应快、瞄准快、发射速度快。

（2）稳：人枪结合一体，动作踏实，心理稳定，击发瞬间枪身稳。

（3）准：运枪路线正、瞄准准、击发时机准确，能准确地掌握发射速度。

2. 姿势的具体要求

身体自然站立，侧身对向目标，两脚开度略宽于肩。两腿稍用力挺直，上体保持基本正直或微倾；头部转向目标，做到头正、颈直、下颌微收、两眼平视，右臂向目标方向伸直，与身体约成 150°；绷肘、固腕、稍收肩；枪、手、臂、体结合成一个整体；左臂自然下垂；人枪结合的总体重心位于两脚之间或稍偏后脚。

3. 射击动作

（1）举枪

手枪速射的举枪又称运枪，一般为自下而上的纵向运枪。运动者在调整射击姿势时，发现指向不正应及时调整。试瞄以后，保持力量缓慢下落成准备姿势。

上体可稍有前倾，眼睛注视靶标方向。

（2）纵向运枪基本要领

① 启动运枪：在闭锁枪机后，以小臂带动大臂迅速向上运枪，直接进入瞄区；启动后路线要正、直，速度先快后慢，均匀减速，平稳进入瞄区。要做到动作协调、平稳，有力度感。

② 不迎枪，等枪进入视野注意看平正。开始抬臂时预压实，根据个人特点边抬边扣，抬与扣的速度要配合好；在稳进瞄区的同时加力边抬边扣，做到抬到扣响。

③ 击发：在枪支进入瞄区的同时，视力回收盯住准星缺口的平正，并扣压扳机，确保在理想瞄区"稍停即响"。

（3）瞄准

手枪速射的瞄准是在运枪的过程中，在短暂的相对稳定时机完成的，不单要保证平正准照关系，而且要保持枪面的平正。瞄准时视力的分配主要在平正准照关系上。

4. 射击节奏

射击节奏是运动者不同技术风格和动作类型的外部特征，是瞄准击发协调配合的外在表现，是视觉、听觉和本体感觉的综合反映，也是衡量运动者技术水平的重要标志。常见的发射节奏主要有"均匀等速"和"逐渐加速"等类型，可根据运动者不同的技术风格和动作类型采用。

（二）基本技术训练步骤及技术要求

1. 训练时间

1～2 年（速射基本技术成型阶段，同时也是慢射技术巩固强化阶段）。

2. 使用器械

气手枪、激光枪、哑铃（1000～1250 克）。

3. 训练步骤

规范速射姿势动作，初步熟悉和掌握速射"启动—运枪—瞄准—击发—保持"的动作要领和程序。

（1）对 10～12 岁阶段进行的慢射技术练习进一步巩固和强化。

（2）学习手枪速射基本技术。

（3）空枪预习与实弹射击的比重约为 80% 和 20%。实弹训练使用电子靶、带电脑环数显示的高级靶，使用气手枪实弹。目的是检验训练效果，培养运动员对射击项目的兴趣。

4. 技术要求

基本掌握速射动作要领和程序，初步做到动作规范、姿势稳定并大致定型。慢射一次预习能坚持 90 分钟，一次持续举枪能坚持 120 秒，速射启动运枪一组练习不少于 10 次，一次运枪到击发完成时间不超过 5 秒。

（三）身体素质要求

该年龄段射击所需的身体素质训练可以包含在跑射联项体能训练中进行，具体内容主要以基础力量、平衡能力、核心力量训练方面为主。

三、训练方法和负荷安排

（一）训练手段

基本技术训练手段应根据训练对象、条件的不同而异。

1. 慢射训练

在射击基本技术训练的基础上增加训练手段。

（1）深化内在感觉的训练

① 暗室练习：不用眼睛诱导，专门体会力量保持与自然扣压扳机的技术配合的内在本体感受。

② 无目标射击：重点体会食指扣压扳机时的用力感觉，做到盯死平正，自然击发。

③ 对"乱靶"射击：在没有密度和环数要求的情况下，集中精力做好动作。

④ 对环靶或激光靶进行密度射击。

（2）锻炼一致性的训练

① 连续多组密度射击，要求各组密度接近。

② 对环靶每射击一组后，重新举枪，调整姿势动作再进行一组，反复多组，要求平均弹着点位置基本一致。

（3）锻炼持久性的训练

①几组实弹射击后，进行一段时间的预习，待出现疲劳状态时，再进行一组或几组实弹射击。要求前后各组密度基本一致。

② 在正常训练课结束前再进行要求密度或成绩的实弹射击。

（4）击发规律的训练

① 用秒表计量举枪后击发的时间，根据不同对象提出相应的时间要求，并严格控制，不得超时击发。

② 要求运动者必须在第一稳定期结束前击发，否则必须收枪，重新举枪。

2.速射练习

（1）学习速射动作，明确抬臂运枪的程序。起枪要及时，起枪后，起枪手臂匀减速平稳地进入瞄区，可从徒手抬臂练习到持枪练习。

（2）当动作有一定节奏，进瞄区相对稳定时，加入扣扳机动作。强调看瞄区抬扣，不迎枪，边抬边扣。预压时抬臂，当准星与目标靶平正进入视野后加大扣扳机的力量，稳进扣响。练习可从白靶到环靶，从不限时到规定时间。射击实践练习强调敢于边抬边扣，抬到扣响，宁早勿晚。

（3）单一动作熟练后，可进行成组射击，逐步完成规定实施条件下的科目。

（4）综合训练阶段要求抬、瞄、扣动作协调并逐渐熟练，达到时间规律、动作一致、耐力增强、能连续跟靶 10 分钟。

（二）训练负荷安排

少年 C 组（13 ～ 14 岁）训练负荷安排（慢射与速射结合，比例 60% 和 40%）具体见表 3-3。

表3-3　少年C组（13～14岁）训练负荷安排

项目	每课时	周课次	月课次	年课次	持久力+运枪训练	平正准星训练	扣扳机训练	实弹训练	趣味练习
第一年	90分钟	2～3次	8～10次	100～120次	25%	25%	25%	20%	5%
第二年	90分钟	3～4次	8～10次	120～130次	30%	25%	25%	20%	0%

四、考核和评定标准

少年C组（13～14岁）考核和评定标准具体见表3-4。

表3-4　少年C组（13～14岁）考核和评定标准

考核内容	评定标准
90秒持久力举枪（间歇30秒）	运动者举枪姿势平稳不变，保持54秒以上为及格；激光点稳定在7环靶心内晃动，保持54秒以上为及格
一次性持久力举枪	运动者举枪姿势平稳不变，保持120秒以上为及格
20发慢射射击密度	慢射密度≤8环靶心范围，20发记分慢射≥170环为及格
20次运枪动作一致性	激光光点稳定在7环靶心内晃动，60%以上为及格
20发速射射击密度	速射密度≤7环靶心范围，20发记分慢射≥160环为及格，速射动作节奏每发动作在4.5秒

第三节　少年B组（15～16岁）教学与训练

一、教学目的和任务

1.教学目的

15～16岁年龄段，按各专项技术要求进行系统训练。

2.教学任务

进一步提高射击的稳定性、持久性、一致性和协调性。同时，开始结合跑步训练，在不稳定、高心率的状态下把射击技术体现出来。

二、教学内容和基本技术及身体素质要求

（一）各项射击技术训练比例

少年 B 组（15～16 岁）各项射击技术训练比例具体见表 3-5。

表 3-5 少年 B 组（15～16 岁）各项射击技术训练比例

类别	慢射 20%	速射 50%	跑射联项 30%
技术类	持久力 30%；扣扳机技术 50%；平准（瞄准）20%	运枪到位 20%；运枪持久力 20%；瞄、扣配合 30%；动作节奏和完整动作 30%	短距离进入靶位射击 40%；有氧耐力跑进入靶位 40%；速度跑进入靶位 20%

注：现阶段不建议在高强度下进行射击（容易破坏技术动作）。

（二）教学内容

1. 慢射技术

在前两个年龄阶段的基础上，对射击基本技术练习内容进行精选，在持久力、瞄准、扣扳机、内在力量保持方面进行强化、巩固。

2. 速射技术

（1）学习速射动作，明确抬臂运枪的程序。起枪要及时，起枪后，起枪手臂匀减速平稳地进入瞄区，可从徒手抬臂练习到持枪练习。

（2）进一步规范动作程序，强化动力定型。当动作有一定的节奏，进瞄区相对稳定时，加入扣扳机动作。强调看瞄区抬扣，不迎枪，边抬边扣。预压时抬臂，当准星与目标靶平正进入视野后加大扣扳机的力量，稳进扣响。练习可以从白靶到环靶，从不限时到规定时间。实弹强调敢于边抬边扣，抬到扣响，宁早勿晚。

（3）单一动作熟练后，可进行成组射击，逐步完成规定实施条件下的科目。

（4）综合训练阶段要求抬、瞄、扣动作协调并逐渐熟练，达到时间规律、动作一致、耐力增强、能连续跟靶 10 分钟。抓好运枪、预压、边抬边扣的配合，强调起枪及时，运枪平稳，稳进瞄区，抬到扣响，做到动作清晰流畅、节奏性好。

（三）身体素质要求

该年龄段射击所需的身体素质可以在跑射联项体能训练的一般身体素质训练中进行练习，主要突出核心力量、平衡能力、肩部稳定性。

三、训练方法和负荷安排

1.训练方法

（1）无目标举枪练习：掌握学习的动作。

（2）暗室练习：不用眼睛的诱导，专门体会力量感觉。

（3）白靶练习：排除目标诱惑，练习保持平正和自然扣的动作。

（4）电子靶练习：放大瞄区，降低瞄扣难度，做好扣的动作。

（5）分解动作练习：举枪一举到位、进入瞄区、平准与扣扳机动作配合。

（6）完整技术练习：持久密度练习（3分钟完成50～60次动作）等。

（7）密度射击练习：体会射击，感受动作，对照弹着点，练习动作一致性，加深好动作的概念。

（8）预报射击练习：通过预报验证好动作的感觉。

（9）结合冲刺跑、折返跑、短距离进入靶位进行射击练习，逐步向跑射过渡。

2.训练负荷安排

少年B组（15～16岁）训练负荷安排具体见表3-6、表3-7。

表3-6　少年B组（15～16岁）训练负荷安排

项目	射击每课时	周课次	月课次	跑射周课次	跑射月课次	跑射每课时
第一年	90分钟	2～3次	15次	3次	13～14次	90～100分钟
第二年	90分钟	3～4次	12次	4次	16次	90～100分钟

注：射击基本技术、专项技术课和跑射联项根据不同时期要求、训练条件进行增减。

表3-7　少年B组（15～16岁）训练负荷分配

射击技术课	持久力训练	分解技术（平正准星、扣扳机、一举到位）训练	完整技术训练	跑射	技术整理
	20%	25%	25%	25%	5%
跑射联项	射击准备活动	有氧耐力跑＋射击	速度跑＋射击	速度耐力训练＋射击	
	20%	40%	20%	20%	

注：建议在极限强度训练中，尽量少安排射击，以免对射击技术动作的动力定型产生破坏。

四、考核和评定标准

少年 B 组（15～16 岁）考核和评定标准具体见表 3-8。

表 3-8　少年 B 组（15～16 岁）考核和评定标准

考核内容	评定标准
静止状态下，3 分钟内完成速射射击动作次数	举枪姿势平稳不变，70% 以上为及格；激光光点稳定在 8 环靶心内，70% 以上为及格
射击动作节奏和时间的测试	射击完成时间误差 0.5 秒为及格；完整动作 3.3～3.8 秒为宜
静止状态下 20 发射击命中率	8 发 5 中为及格
"跑射联项"状态下射击命中率	10 米、60 米、100 米速度跑 + 射击，7～8 发 5 中为及格；800～2000 米中高强度有氧耐力跑或间歇跑 + 射击，8～9 发 5 中为及格；速度耐力跑、比赛速度跑 + 射击，9 发 5 中为及格
"跑射联项"实战训练	检验射击技术在跑动中的稳定程度，及时发现问题，以便于在射击专项训练中进行改进。实战训练射击环节射击技术动作失误次数两次以内，跑步环节完成全程跑步为及格

第四节　少年 A 组（17～18 岁）教学与训练

一、教学目的和任务

1. 教学目的

在运动者现有的技术水平上，巩固运动者的射击技术，提高运动员的综合素质。

2. 教学任务

在技术定型的基础上提高专项技术水平、比赛能力、心理能力、战术运用能力。

二、教学内容和基本技术及身体素质要求

（一）教学内容

1. 射击技术训练

在 17～18 岁年龄段的射击技术训练中，精选出射击关键环节进行强化，即运枪一举到位、运枪基本耐力、扣扳机能力、平准保持与击发配合能力、呼吸练

习、动作节奏规律练习、静止状态下跑射完整练习、射击命中率等。

2. 跑射训练

在不同距离、不同速度、不同强度的跑步间歇时间中完成射击内容。

3. 程序的设计

射击技术动作的程序设定和强化；跑射准备活动的程序设定；跑射训练、比赛中的程序设定。

4. 心理训练

通过平时日常生活、训练、实战锻炼运动者的意志品质、注意力集中能力、抗压能力、自我控制能力。

5. 实战训练

根据训练任务要求，设定实战训练内容，通过实战训练检验射击技术运用的稳定性、技术合理性，发现问题，进行针对性解决。

（二）技术要求

1. 射击技术要求

进一步规范动作程序，强化动力定型。强调看瞄区运枪，进入瞄区先启动扣扳机，边走边扣，当准星与目标靶平正进入视野后加大扣扳机的力量，稳进扣响。射击训练可从白靶到电子靶，从不限时到规定时间。强调敢于边抬边扣，稍停即响。还可以根据运动者的不同特点进行针对性技术强化（如直接举枪进入瞄区，在瞄区范围内平准、扣扳机）。

2. 跑射训练

强调射击技术动作的程序化，用意识或暗示带动技术动作运行。力求各环节一致，即进入靶位前的速度调整、呼吸调整—进入靶位的自然指向位置—射击技术动作程序—动作之间的呼吸调整等方面。

（三）身体素质训练

该年龄段射击所需的身体素质，可以在跑射联项体能训练的一般身体素质训练中进行练习，主要突出核心力量、平衡能力、肩部稳定性。

三、训练方法和负荷安排

（一）射击技术训练方法

（1）运枪持久力、举枪持久力练习。

（2）扣扳机练习。

（3）分解技术练习。

（4）完整技术练习。

（5）短距离冲刺、不稳定条件下的射击练习。

（6）密度射击、耐力射击、命中率射击练习。

（二）"跑射联项"训练方法

1.根据跑步训练负荷要求安排射击时间

少年 A 组（17～18 岁）射击时间见表3-9。

表3-9　少年 A 组（17～18 岁）射击时间

类别	训练量	射击时间限定
速度训练	2000 米内	15～25 秒
有氧耐力训练	10000 米以上	15～25 秒
速度耐力训练	6000～8000 米	20～30 秒
最大摄氧量训练	6000 米	50 秒或打中 5 靶
实战训练	—	按照比赛规则

2.根据射击要求变化射击限定时间

上述训练负荷安排不是一成不变的，会根据射击要求进行变化。例如，在速度训练中为提高高心率下射击的成功率，会缩短射击时间，在限定时间内不管是否击中 5 靶，都要离开靶位进行跑步练习。

3.游戏（实战）训练方法

在训练期间，进行各种形式的游戏（实战）训练。例如，2～3 米进入靶位的团体接力赛；各种距离的团体接力赛；不同人员组合的接力赛等。平均每周进行 2～3 次。游戏（实战）练习有专门的课时；或在完成主课内容后进行，这些游戏训练都是奖罚性质的。其目的是增加心理负荷，提高实战的质量和效果。

（三）心理训练

1. 毅力

（1）在进行技术训练的持久性练习时贯穿对毅力的训练。

（2）在身体训练出现疲劳时贯穿毅力训练。

2. 自我控制能力

（1）在锻炼毅力和磨炼意志时提高自控力。

（2）在严格遵守各项制度的过程中提高自控力。

（3）在日常生活中注意克制自己，提高自控力。

3. 注意力

（1）培养干什么就想什么，一心不二用的习惯。

（2）在技术训练时培养"精力回收"全身心投入训练的习惯。

（3）在建立整套射击动作条件反射的过程中训练注意力和感知觉。

4. 思维和联想能力

随时随地思考射击的问题，把看起来不相干的事和射击相联系，开阔思路。心理训练的内容广泛，方法很多、很灵活，成功的关键在于自觉地针对自己的特点进行训练，不可流于形式。

5. 几种心理训练的方法

（1）放松方法。

（2）入静方法。

（3）念动、表象训练方法。

（4）注意力集中训练。

（5）抗干扰训练。

（6）暗示训练等。

（四）训练负荷安排

少年 A 组（17 ～ 18 岁）训练负荷分配具体见表 3 -10。

表 3-10　少年 A 组（17 ～ 18 岁）训练负荷分配

射击技术课	持久力训练	分解技术（平正准星、扣扳机、一举到位）训练		完整技术训练	跑射	技术整理
	15%	25%		25%	30%	5%
跑射联项	射击准备活动	有氧耐力跑 + 射击		速度跑 + 射击		速度耐力训练 + 射击
	20%	30%		20%		30%

四、考核和评定标准

少年 A 组（17 ～ 18 岁）考核和评定标准具体见表 3-11。

表 3-11　少年 A 组（17 ～ 18 岁）考核和评定标准

考核内容	评定标准
静止状态下，3 分钟内完成速射射击动作次数	举枪姿势保持平稳不变，75% 以上为及格；激光光点稳定在 8 环靶心内，75% 以上为及格
射击动作节奏和时间的测试	射击完成时间误差 0.5 秒为及格；完整动作 3.3 ～ 3.8 秒为宜
静止状态下 20 发射击命中率	7 发 5 中为及格
"跑射联项"状态下射击命中率	10 米、60 米、100 米速度跑 + 射击，7 发 5 中为及格；800 ～ 2000 米中高强度有氧耐力跑或间歇跑 + 射击，8 发 5 中为及格；速度耐力跑、比赛速度跑 + 射击，8 发 5 中为及格
"跑射联项"实战训练	检验射击技术在跑动中的稳定程度，及时发现问题，以便于在射击专项训练中进行改进。"跑射联项"实战与射击考核命中率 75% 以上，动作节奏规律与射击完成时间在每组 4.3 秒内为及格

第五节　青年组（19 ～ 21 岁）教学与训练

一、教学目的和任务

1. 教学目的

为综合训练强化阶段，提高比赛能力。

2. 教学任务

强化"跑射联项"所需的射击技术，根据运动者不同的特点，对各自的技术进行针对性、个性化强化；强化巩固技术动作程序、比赛程序，强化比赛心理承受能力。

二、教学内容和基本技术及身体素质要求

（一）教学内容

1. 射击技术训练

围绕"跑射联项"所需的射击技术，精选出关键环节进行强化，即运枪一举到位、运枪基本耐力、扣扳机能力、平准保持与击发配合能力、呼吸练习、动作节奏规律练习、技术动作一致性、射击命中率等。

2. 跑射训练

在不同距离、不同速度、不同强度的跑步间歇时间中完成射击内容。

3. 程序的强化巩固

通过不断地练习、实战、比赛对射击技术动作程序、跑射准备活动的程序、跑射训练、比赛中的战术进行完善和强化。

4. 心理训练

通过平时日常生活、训练、实战锻炼运动者的意志品质、注意力集中能力、抗压能力、自我控制能力。

5. 实战训练

根据训练任务要求，设定实战训练内容，通过实战训练检验射击技术运用的稳定性、技术合理性，发现问题，进行针对性解决。

（二）技术要求

1. 射击技术要求

进一步规范动作程序，强化动力定型。强调看瞄区运枪，进入瞄区先启动扣

扳机，边走边扣，当准星与目标靶平正进入视野后加大扣扳机的力量，稳进扣响。射击训练可从白靶到电子靶，从不限时到规定时间。强调敢于边抬边扣，稍停即响。还可以根据运动者的不同特点进行针对性技术强化（如直接举枪进入瞄区，在瞄区范围内平准、扣扳机）。

2. 跑射训练

强调射击技术动作的程序化，用意识或暗示带动技术动作运行。力求各环节一致，即进入靶位前的速度调整、呼吸调整—进入靶位的自然指向位置—射击技术动作程序—动作之间的呼吸调整等方面。

（三）身体素质要求

该年龄段射击所需的身体素质，可以在跑射联项体能训练的一般身体素质训练中进行练习，主要突出核心力量、平衡能力、肩部稳定性。

三、训练方法和负荷安排

（一）射击技术训练方法

1. 静态

（1）基本技术力量耐力练习。

（2）分解技术练习（扣扳机、平准击发配合、运枪走扣配合等）。

（3）完整技术练习。

2. 动态（不稳定状态、高心率状态、心理负荷状态等）

（1）短距离冲刺、不稳定条件下的射击练习。

（2）耐力射击、命中率射击练习。

（3）心理负荷刺激下完成射击练习，如对抗练习、实战等。

（4）身体机能发生变化下完成射击练习，如力量训练后进行的射击练习，其他项目训练后身体疲劳状态下完成射击的练习。

（二）"跑射联项"中的训练方法

（1）根据跑步训练负荷要求安排射击时间（参考 17 ～ 18 岁年龄组）。

（2）根据射击要求变化射击限定时间。前述训练负荷安排不是一成不变的，会根据射击要求进行变化。如在速度训练中为提升高心率下射击的成功率，会缩短射击时间，在限定时间内不管是否击中 5 靶，都要离开靶位，进行跑步练习。

（3）实战训练方法。在训练期间，进行各种形式的游戏（实战）训练。如 2 ～ 3 米进入靶位的团体接力赛；各种距离的团体接力赛；各种人员组合的接力赛等。平均每周进行 2 ～ 3 次。游戏（实战）练习有专门的课时，或在完成主课内容后进行，这些游戏训练都是奖罚性质的。其目的是增加心理负荷，提高实战的质量和效果。

（三）心理训练

1. 心理训练法

参考 17 ～ 18 岁年龄组。

2. 针对性训练方法

（1）针对比赛中出现问题的环节进行模拟训练，如第一发或最后一发不中、比赛中注意力不集中等。

（2）跑射训练中采用跑步与射击结合的方法（设定跑步强度与射击命中率），如跑步与射击结合的包干时间训练法，增加心理负荷。

3. 鼓励诱导

在跑射训练、比赛中多采用鼓励、肯定的方法，强化运动者获得好成绩、好技术动作的感受和记忆，引导运动者向着充满自信的方向发展。

（四）训练负荷安排

青年组（19 ～ 21 岁）训练负荷安排具体见表 3-12。

表 3-12　青年组（19～21岁）训练负荷

射击技术课	静态			动态			
	专项力量	分解技术	完整技术	身体负荷	心理负荷	心率负荷	程序化
	10%	20%	20%	10%	10%	15%	15%
跑射联项	射击准备活动		有氧耐力＋射击	速度＋射击	速度耐力＋射击		实战＋射击
	10%		30%	15%	25%		20%

注：射击基本技术、专项技术练习与"跑射联项"训练的比例，将根据全年计划中每个阶段的任务、训练条件等因素进行调整。

四、考核和评定标准

青年组（19～21岁）考核和评价标准具体见表 3-13。

表 3-13　青年组（19～21岁）考核和评价标准

考核内容	评定标准
静止状态下，5分钟内完成速射射击动作次数	举枪姿势保持平稳不变，75%以上为及格；激光光点稳定在8环靶心内，75%以上为及格
射击动作节奏和时间的测试	射击完成时间误差 0.5 秒为及格；完整动作 3.3～3.8 秒为宜
静止状态下20发射击命中率	7 发 5 中为及格
"跑射联项"状态下射击命中率	10米、60米、100米速度跑＋射击，7发5中为及格；800～2000米中高强度有氧耐力跑或间歇跑＋射击，8发5中为及格；速度耐力跑、比赛速度跑＋射击，8发5中为及格
"跑射联项"实战训练	检验射击技术在跑动中的稳定程度，及时发现问题，以便于在射击专项训练中进行改进。"跑射联项"实战与射击考核命中率、动作节奏规律比较误差15%/每组为及格

第四章 跑射联项的训练与竞赛

第一节 跑射联项训练方法

一、跑射联项能量代谢特点

跑射联项的能量代谢特点随着规则变化发生了变化。在旧规则下的现代五项跑步和射击比赛，3000 米越野跑对有氧代谢能力要求较高，无氧代谢供能比例较小。2009 年采用了 3×1000 米的跑射联项比赛规则后，有专家实验测得 3×1000 米跑射联项过程中，每组跑步完成后运动者的心率在 $180 \sim 190$ 次 /min，血中乳酸含量为 $14 \sim 18$ mmol/L，是糖有氧氧化与糖酵解供能共同参与的项目。专家在测试现代五项跑射联项冠军赛后运动者的血乳酸值，均在 14mmol/L 左右，推断出 3×1000 米跑射联项与有氧和无氧混合供能相关。在 2012 年伦敦奥运会后，国际现代五项联盟（UIPM）把 3×1000 米跑射改为了 4×800 米跑射，这样运动者需要完成总计 3200 米的跑步和分 4 次击中 20 个靶子（难度增大）。

从表面上看，规则更新之后由 3000 米变成了 4 个 800 米，但是实际上由于比赛间歇时间较短，并且射击间歇机体必须严格控制呼吸，精神处于紧张状态，不能得到有效的休息，破坏了稳定节奏后一段时间内产生的动力定型的机械状态。这种状态下，对运动者的体能储备有了更高的要求。

二、跑射联项的训练方法

1. 跑步的单项训练

正确的跑步姿势、合理的节奏、适合自己的呼吸、科学的训练。

2. 长跑呼吸训练

有氧无氧混合代谢能力和单纯无氧代谢能力是决定长跑成绩的重要因素，有氧代谢能力是提高有氧无氧混合代谢能力和无氧代谢能力的基础。初学者训练阶段提高有氧代谢能力的跑量占 80%～85%，然后逐渐以增加有氧无氧混合代谢能力跑量为主。

中长跑是周期性、耐力性项目，需要具有较强的有氧代谢能力，一般专业队每年都会进行高原训练，来提高专业中长跑者的有氧代谢能力。主要训练内容是计时或不计时的越野跑、匀速的公路跑、计时的场地跑、较长段落的变速跑等，这些训练都是为了提高摄取氧气和输送氧气的能力。还有就是进行 400 米、500 米、800 米、1000 米、1200～2000 米等不同距离、不同速度的训练，这种训练针对性非常强，目的如下。

400 米或 400 米内的加速跑训练可以提高肌肉关节部位的抗乳酸水平及负氧债的能力。800～1500 米的匀速／变速跑训练可以提高运动者全身对负氧债和乳酸大量堆积的耐受力、无氧耐力及速度耐力。1500 米以上的匀速／变速跑训练主要发展人体循环系统的机能水平，提高专项耐力。

除此之外，还可以通过 200～300 米、400～600 米的间歇跑（根据跑射联项的特点，跑射联项的运动队可能采用 800 米间歇跑的训练方法较多一些）锻炼每搏输出量，提高心肌收缩能力水平和心排血量水平、呼吸系统功能，特别是最大摄氧量水平，这些都可以决定身体在中长跑过程中的状态。

3. 射击的单项训练

由静到动、由慢射到速射、动静的转换（3 秒内的速射训练）。

4. 调整脉搏的训练

在动静转换中将脉搏尽可能调整到相对稳定的"射击脉搏"。

5. 射击的心理训练

正能量的引导（心理稳定非常重要）。

6. 单项训练和整体性训练相结合的训练

跑步和射击动与静的调整、射击的稳定与跑步速度的结合、训练与实战相结合。

第二节　跑射联项训练和比赛过程中的疲劳与恢复

在训练和比赛中适度的疲劳是教练员希望看到的结果，但对疲劳的状况必须有所监控，而我们只有了解了疲劳的原因才可针对性地进行应对。

一、疲劳的原因

研究表明，跑射联项运动的供能是以糖酵解为主，但考虑到整个比赛时间较长，有氧供能显然是必需的一种供能方式。无论是无氧供能还是有氧供能都离不开糖原。在比赛结束时运动者表现出筋疲力竭、头晕，跟体内的能源消耗有着密不可分的关系。这也与疲劳的"力竭学说"相吻合。糖原的大量消耗相当于汽车的燃料已经耗尽。

在比赛过程中有队员反映腿"很沉"，或者"很酸软"，可能是体内的乳酸等代谢产物增多，由于乳酸堆积而引起肌组织和血液中的 pH 值下降，阻碍运动终板处兴奋的传递，影响冲动传向肌肉，抑制果糖磷酸激酶的活性，从而抑制糖酵解，使 ATP（腺嘌呤核苷三磷酸）合成速率减慢，即功能速率下降。另外，pH 值下降还使肌质中 Ca^{2+} 的浓度下降，从而影响肌球蛋白和肌动蛋白的相互作用，使肌肉收缩减弱。

比赛过程中有队员出现腿抽筋的现象，这与运动时体液大量丢失有关。有人根据"内环境稳定性失调学说"进行了研究，当人体失水占体重的 5% 时，肌肉工作能力下降 20%～30%。哈佛大学疲劳研究所发现，高湿作业工人因泌汗过多，达到不能劳动的严重疲劳时，给予饮水仍不能缓解。分析其原因，与电解质随汗液大量流失有关。因为电解质在供能过程中扮演的角色是独一无二的。例如铁不仅是构成血红蛋白的主要原料，还是细胞色素酶、过氧化酶及肌红蛋白的组成成分，在组织呼吸、生物氧化过程中起着十分重要的作用，一旦缺铁，向组织输氧的能力就会下降，酶活性降低，严重时还会出现心悸、头晕、乏力等症状。

运动过程中产生大量的自由基［指外层电子轨道含有未配对电子的基团，如氧自由基（·O_2^-）、羟基自由基（OH·）等］，而自由基化学性质活泼，可与机体内的糖类、蛋白质、核酸及脂类等物质发生反应，因而造成细胞功能和结构的损伤与破坏。运动后出现蛋白尿、血尿等可能与"自由基损伤学说"有关。

长期疲劳的表现还体现在以下几个系统：①免疫系统。运动后的上呼吸道感染频发，易发生感冒、低热等现象。同时运动后免疫系统受到冲击，身体机能下降，都可以用来提示疲劳。②消化系统。运动后还会出现食欲不振、恶心、呕吐、腹胀、痛泻、便秘，甚至是消化道出血等一系列症状。③神经系统。运动后睡眠障碍也是疲劳的常见表现，强度过大还伴有头昏、记忆力下降、精神不集中、激动、失眠多梦、早醒、盗汗、耳鸣、眼花等。④内分泌系统。在强度运动或比赛后出现血红蛋白含量降低、睾酮／皮质醇比例下降等内分泌失调现象，这些指标变化均可提示疲劳的发生。

二、疲劳的判定

判定疲劳最常用也是最有效的办法就是每天的安静晨脉，如波动大于10%即有疲劳倾向。例如，一个队员的平均心率是60次／分，如果在大训练课后的心率连续 2～3 天大于66（＝60+60×10%）次／分，便提示疲劳（表4-1）。

表4-1　运动员在接受训练或比赛刺激后的表现

刺激水平 身体状态	低强度刺激	最理想刺激	达个人极限刺激	稍超个人极限刺激
疲劳水平	低	大	衰竭	衰竭
流汗	上身轻或中等	上身大量流汗	下半身大量流汗	流一些汗
技术的质量	控制身体动作	准确度差、不稳、有一些技术错误	协调性差、技术不准确、多错误动作	动作不稳、缺乏爆发力、精确度差

续表

身体状态＼刺激水平	低强度刺激	最理想刺激	达个人极限刺激	稍超个人极限刺激
专注	正常、选手对教练的反应快、有最大的专注力	学习新技术能力差、较难专注	专注差、紧张、不稳	不用脑筋、无法正确动作、无法专心于需要智力的活动
训练与健康	执行所有训练	肌力弱、缺乏爆发力、作业能力低	肌肉与关节痛、头痛、反胃、恶心、心神不宁	失眠、肌肉酸痛、身体不适、24 小时或以上高心率
训练意识	希望训练	希望更长休息、仍愿训练	希望停止训练、需要完全休息	讨厌隔天再训练、粗心、对训练规定持负面态度

另外，自觉运动强度量表也比较常用，反映了个体对训练强度的自我感觉，同时也能间接地反映出个体在一节训练课后的疲劳程度。表 4-2 为自觉运动强度量表。

表 4-2　自觉运动强度量表

博格的 15 分量表		类别－比例量表	
等级	主观上的吃力程度	等级	运动强度
0	一点都不辛苦	0	完全不觉得
1		0.3	
2	非常轻松	0.5	非常弱
3		1	
4	很轻松	1.5	很弱
5		2	
6	轻松	2.5	弱
7		3	
8	有点辛苦	4	中等
9		5	
10	辛苦	6	强
11		7	
12	很辛苦	8	很强
13		9	
14	非常辛苦	10	非常强
15	最大努力	11	
		……	绝对最强

三、疲劳恢复的方法

疲劳的恢复首先是清除代谢废物，其次是肌肉放松，最后是营养补充、睡眠。

（一）代谢废物的清除

清除代谢产物的最有效方法是加快血液循环。这也是为什么在训练结束或比赛结束时要进行慢跑（动态的恢复方法）、肌肉按摩及沐浴的原因。

（二）肌肉的放松

在运动过程中会出现细微肌肉损伤，肌纤维也出现紊乱的现象，有针对性地牵拉、按摩可以松解痉挛的组织，整理肌肉。

1. 牵拉

牵拉或拉伸可以提高肌肉的弹性和柔韧性，加快肌肉的恢复。运动后常用的方法是静态牵拉。具体部位可以选择股四头肌、腘绳肌、阔筋膜张肌、小腿肌群、髋部肌群、肩带肌群、上肢肌群、腹部肌群、背部肌群等。如果时间有限，可以训练或比赛所需的肌肉为主进行牵拉。

2. 软组织按压

软组织按压是通过滚动、加压按摩，梳理和放松比赛或训练带来的软组织疲劳，加快肌肉内血液、淋巴循环和新陈代谢的速率，从而达到放松的效果。每个动作持续 30 ～ 60 秒。主要要针对扳机点进行按压。可选择的器械有泡沫轴、按摩棒、网球（点压）等。例如，泡沫轴对髂胫束进行滚压放松；按摩棒对小腿肌群进行放松；网球对足底筋膜进行放松……

3. 理疗

物理治疗包括桑拿、艾灸、水疗、冷疗、冷热水交替沐浴、超低温冷疗；医疗器械治疗（主要针对损伤）有超声波、超短波、低频、中频等。例如，冷疗最好是在训练后马上进行，持续 15 ～ 20 分钟。需要冷疗的区域是需要最长时间恢复的区域，如比较弱的肌肉或者肌腱，需要一定的恢复期。但应该注意的一点是：

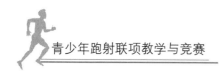

在冷疗时不要让冰水泡过腰以上的部位，以免对内脏系统产生不利的影响。

（三）营养补充

1. 比赛中的营养补充

项目与项目中间，或比赛与比赛中间，或回合与回合之间都可以进行营养补充。如在这些空档期，运动者可以摄取一些固体能量棒或饮料（如果汁或运动饮料，以补充之前的营养流失。应尽可能选取碱性饮料，从而中和比赛过程中身体出现的酸碱失衡状态）。应注意的一点是：饮用的方式方法及时机要根据平时训练或模拟比赛的情况实行，比如饮料的品种、浓度或温度等。

食物是人类获取营养物质的重要途径，针对比赛过程中的跑射联项运动者特别应该补充的是全面而高效的食物。全面是指糖、脂肪、蛋白质、矿物质、维生素、水等都要有，高效是指要侧重糖以及维持机体酸碱平衡的电解质，按少食多餐的原则进行补充。表4-3为中国居民平衡膳食宝塔（2022）。

表 4-3　中国居民平衡膳食宝塔（2022）

食物类型	推荐摄入量
盐	＜5 克
油	25～30 克
奶及奶制品	300～500 克
大豆及坚果类	25～35 克
动物性食物	120～200 克
蔬菜类	300～500 克
水果类	200～350 克
谷类	200～300 克
薯类	50～100 克
水	1500～1700 毫升

2. 训练及比赛后的营养补充

训练或比赛后应该补充一些碱性食物，如牛奶、果汁、蔬菜。同时还应补充消耗掉的能源物质，如糖、脂肪、蛋白质及一些对人体代谢起至关重要作用的矿物质和维生素。

（四）睡眠

这是在运动队中容易被忽视的问题之一，多数时候运动者及教练对此问题都比较无奈，但长期持续的睡眠障碍非常不利于运动者的身体恢复。睡眠障碍反映出人体神经系统的紊乱，也是机体对训练或比赛刺激的一种应激。促进睡眠的方法有：沐浴、泡脚、按摩、香薰、听音乐、自我暗示等。有时需要改善睡眠的环境，如隔绝噪声、减弱灯光等。

第三节　跑射联项的竞赛

一、比赛介绍

（一）比赛简介

国际现代五项联盟激光跑包括激光枪射击和跑步。射击是用激光手枪在指定的射击场内连续击中激光靶，每一轮射击之后进行规定距离的越野跑。国际现代五项联盟激光跑包括不同的比赛类别。

1. 激光跑比赛

激光跑世界锦标赛是国际现代五项联盟最高水平的激光跑比赛。激光跑世界城市巡回赛旨在让更多的本土民众和学校学生参与到这项运动中来。每年底，国际现代五项联盟都会对世界城市巡回赛的所有选手进行排名。每一个组别第一名的选手，将被国际现代五项联盟邀请参加激光跑世界锦标赛。

2. 激光跑比赛的类别和分组

（1）精英组。国际现代五项联盟注册运动员，代表本国家和国家协会。

注册于开赛前3个月进行，在国际现代五项联盟官网国家协会登录平台的LRCT注册链接即可注册。

比赛号码在现场分配，由国家协会注册时登记的运动员之前的比赛成绩时间进行排位。

比赛设个人和接力两项。

激光跑世锦赛的成绩将在国际现代五项联盟官网实时更新。

个人和接力比赛项目见表 4-4、表 4-5。

表 4-4　个人（精英组）

组别	跑步顺序	跑步总距离	射击顺序 （击中次数）	射击距离
11 岁以下	2×400 米	800 米	2×5 次	5 米（可双手握枪）
13 岁以下	3×400 米	1200 米	3×5 次	5 米
15 岁以下	4×400 米	1600 米	4×5 次	7 米
17 岁以下	4×400 米	1600 米	4×5 次	10 米
19 岁以下	4×800 米	3200 米	4×5 次	10 米
青年（19～21 岁）	4×800 米	3200 米	4×5 次	10 米
成年（22～39 岁）	4×800 米	3200 米	4×5 次	10 米
40 岁以上	4×400 米	1600 米	4×5 次	10 米
50 岁以上	3×400 米	1200 米	3×5 次	7 米
60 岁以上	3×400 米	1200 米	3×5 次	7 米

表 4-5　混合接力（男 ×1，女 ×1，精英组）

组别	跑步顺序 （每人）	跑步总距离 （每人）	射击顺序	射击距离
11 岁以下	2×400 米	800 米	2×5 次	5 米（可双手握枪）
13 岁以下	2×400 米	800 米	2×5 次	5 米
15 岁以下	2×400 米	800 米	2×5 次	7 米
17 岁以下	2×400 米	800 米	2×5 次	10 米
19 岁以下	2×800 米	1600 米	2×5 次	10 米
青年（19～21 岁）	2×800 米	1600 米	2×5 次	10 米
成年（22～39 岁）	2×800 米	1600 米	2×5 次	10 米
40 岁以上	2×400 米	800 米	2×5 次	10 米
50 岁以上	2×400 米	800 米	2×5 次	7 米
60 岁以上	2×400 米	800 米	2×5 次	7 米

（2）公开组。不代表国家协会参赛的运动员。

注册至少于开赛前 3 个月进行，在国际现代五项联盟的官网的 LRCT 注册链接即可注册。

比赛号码在现场分配，由登记的运动员之前的比赛成绩时间进行排位或随机排位。

比赛只开设个人奖项见表 4-6。

表 4-6　个人（公开组）

组别	跑步顺序	跑步总距离	射击顺序（击中次数）	射击距离
11 岁以下	2×400 米	800 米	2×5 次	3 米（可双手握枪）
15 岁以下	3×400 米	1200 米	3×5 次	5 米
19 岁以下	4×400 米	1600 米	4×5 次	5 米
成年（19～39 岁）	4×400 米	1600 米	4×5 次	5 米
40 岁以上	3×400 米	1200 米	3×5 次	5 米
60 岁以上	2×400 米	800 米	2×5 次	5 米

（3）激光跑世界城市巡回赛注册

与世锦赛不同，激光跑城市巡回赛中国站的注册在国际现代五项联盟的中文网站进行。但其具体组别与世锦赛分组一致，包括精英组和公开组。

（4）激光跑世界城市巡回赛成绩

比赛的成绩需按照相应模版（当承办比赛获得批准后，组织方将会收到此模版）在比赛结束后的 24 小时内发送至国际现代五项联盟总部，包括所有的类别和分组。

（二）权威机构

1. 国际现代五项联盟技术代表 / 赛事官员（1～2 人）

激光跑由国际现代五项联盟的技术代表或赛事官员全权管理。国际现代五项联盟总部会尽早通知当地组委会负责本次比赛的技术官员。

2. 当地组委会

当地组委会（LOC）的章程、责任和义务必须遵照竞标和申请文件。

组委会负责事项如下。

每场比赛期间无限供应饮水以及及时更换，并且提供医疗救助服务，配备救护车、厕所等卫生设施。

场地所需的技术设备，包括专业的技术支持、计分系统和成绩显示系统。对于激光跑世锦赛，比赛场地还需要一个高清的计分板和投影屏幕（更多组委会需提供的设施与器材信息请参考"当地组委员会提供的设施与器材"）。

3.当地组委会任命的裁判（经国际现代五项联盟认证与认可）

（1）激光跑裁判长（1人），其职责为：确保比赛顺利无误地进行；发出运动员开始热身的许可（当热身是在比赛场地进行的情况下）。

（2）射击裁判长（1人），其职责为：监督射击地段裁判员（监督多个射击靶位）和射击裁判员、器材管控人员及其他场内人员；确保射击项目顺利地进行；比赛开始前3分钟结束热身，结束热身前1分30秒通知在场教练员、运动员热身即将结束；向技术代表或技术官员报告所有的犯规和罚停（处罚）情况。

（3）射击地段裁判员（每10个射击靶位安排1名），其职责为：检查运动员是否在正确的射击位置；检查运动员的名字和出发顺序，确保与参加的赛程、出发名单、记分卡和注册等信息保持一致；检查运动员的着装（印有名字的上衣、号码、臂章等）；检验运动员的激光枪是否已完成了器材检测区的检查和批准；与射击裁判员共同履行和检查任何有10秒罚停的运动员在射击位置的等待；向射击裁判长报告所有的犯规和处罚情况。

（4）射击裁判长必须为每1个或者2个射击靶位安排一名射击裁判员。射击裁判员职责为：观察每发射击；确保运动员的手枪在每发射击之后触碰桌面；每轮射击后，检查激光枪是否安全放置（激光枪在不使用的情况下，枪口应向下放在射击台上）；向射击裁判长报告所有的犯规行为；与射击地段裁判员共同履行和检查任何有10秒罚停的运动员在射击位置的等待（履行罚停需事先通过技术代表或赛事专员的批准）；运动员在第一次尝试射击后秒表开始计时，如果射击靶的信号灯在第一枪时不亮，射击裁判员必须告知运动员；射击裁判员必须在50秒限制时间结束前的5秒通知运动员"××位置剩余5秒"，并在50秒结束后，告知运动员"××位置现在出发"。

（5）跑步裁判长（1人），其职责为：协调所有负责跑步比赛的相关人员，包括路径裁判、场地监管裁判、发令员、副发令员、发令员助理、终点裁判员、计时员、记录员、广播/评论员、最后罚停区裁判；设置跑步路线并负责比赛中跑步环节的执行。

（6）路径裁判（4人）由跑步裁判长指定在跑步路线上的某一位置，这样他们能更好、更近地观察比赛。如有人犯规、偏离跑道或路径、未经允许协助或违反规定，应立即向跑步裁判长口头报告，之后呈上书面文件。

（7）场地监管裁判全权负责跑步的起点和终点以及射击场。场地监管裁判必须禁止除官员、裁判员、运动员以外的任何人进入或者滞留在比赛区域。场地监管裁判可由一名或多名助理协助。

（8）发令员（1人）在预备起跑时，召集运动员就位，也是唯一一位宣布比赛开始的裁判。发令员负责给运动员下达出发指示。发令员需对抢跑犯规进行处罚，并且告知跑步裁判长。跑步裁判长通知广播员。

（9）副发令员（1人）负责起跑线，受发令员的监督。副发令员不可与运动员有任何肢体接触，需要确保每位运动员按时出发。

（10）发令员助理（1人）负责核查运动员，确保他们在规定的时间内按正确的顺序排列；检查运动员穿着印有正确姓名和国家代码的服饰（世锦赛精英组），确认服装前后的号码牢固无损。任何违反规定的行为，都必须立即向跑步裁判长汇报。

（11）终点裁判员（2人）负责记录运动员抵达终点的顺序。

（12）计时员（3人）必须使用秒表或者电子计时器。不论是否使用电动计时装置，都需要三名计时员。他们的责任是记录运动员的比赛时间。

（13）广播员/评论员（1或2人）负责对现场评论与播报，包括参赛运动员的名字、号码、相关信息（如中间时间）等。对成绩（名次和时间）的播报需在收到相关信息后立即进行。

（14）最后罚停区位于射击区与终点之间。此处需要2名裁判，执行那些无法在射击位置完成的处罚。

（15）器材检查人员（1人）必须在国际现代五项联盟专家的指导下，检查、测量和检验激光枪及相关装备和服装。

4. 竞赛仲裁（3人）

每场比赛都设有一个竞赛仲裁。在比赛裁判长和国际现代五项联盟技术代表/赛事官员的决定下，可为不同的竞赛项目或组别设置第二或第三竞赛仲裁。

竞赛仲裁包括三个成员，他们都持有激光跑比赛国际裁判的资格证。比赛裁判长或副裁判长由当地组委会代表国际现代五项联盟任命，并担任竞赛仲裁的主席，其他还有射击或跑步裁判长以及一位持有国际现代五项联盟裁判资格证的人员（此人员是在技术会议上由各队代表从国家协会官员中选举出来的，对于选举每个国家协会有一个投票权）。

竞赛仲裁可按照比赛准则、纪律处罚和纪律评估等文件实施对运动员的资格取消。在做此决定前，必须向运动员/运动队代表或相关被告人提供听证机会。竞赛仲裁是独立的，不受坦白或评估证据的限制。

（三）组织及时间表

1. 概论

比赛材料/装备和服饰包括激光跑比赛期间运动员所用到的材料、设备设施、器材、比赛装备、服装等。材料也包含广告，必须在赛前到位。

（1）如果激光枪出现故障，运动员可以使用提前预备好的备用激光枪。此枪支也必须经过器材管控人员的检查、批准和标记。

（2）当设备通过检测后，枪支不可进行任何调整或更改，直至比赛结束。任何情况均不可违反国际现代五项联盟的设备规定，除非经过射击地段裁判员的同意。

（3）任何未经批准的变更或调整都将受到惩罚。如有任何变更的疑问，枪支必须回到器材检测区重新检验和批准（在国际现代五项联盟安排激光枪测试的情况下）。

（4）对于使用空气枪管的运动员，射击场内必须提供适当的 CO_2 和气罐。

（5）接力赛期间，只有正在比赛的运动员的枪支可以放在射击台的上面，并且只有他们有权利把枪支从台下的存放处拿到射击台上。

根据国际现代五项联盟反兴奋剂的规定，参加激光跑世锦赛的运动员必须接受兴奋剂测试。

2. 技术会议

技术会议（TM）在激光跑世锦赛的前一天召开。如果男女个人赛和接力赛都将进行，需要在个人赛和接力赛前各召开一次技术会议。技术会议后，不能再进行任何更改。

对于激光跑世界城市巡回赛，根据不同的参赛人数，当地组委会可以自行决定在赛前一天或者赛前 2～3 小时召开技术会议。要求运动员、运动队或代表前往技术会议确认参赛。

技术会议是比赛的一部分，如有运动队无法参加会议，必须至少 24 小时前通知当地组委会，并委托其他国家的官员代表出席及提交所需资料（运动员姓名、注册 ID）。没有到场记录的运动队不允许参加比赛。

技术会上，将介绍当地组委会、国际现代五项联盟及比赛的主要官员和成员，并对比赛给出必要的指示。

对于公开组，如果地区组委会在技术会议之后收到了新的参赛申请，此申请符合比赛时间和安排，对精英组无任何影响，激光跑世界城市巡回赛的主办方可以酌情考虑增加比赛场次。

3. 出发顺序

无论是否有预赛和决赛，每组比赛的出发时间始终为所有运动员同时出发。

接力赛中同队每位运动员的出发顺序必须在技术会议前递交书面确认，一旦通过国际现代五项联盟技术代表和赛事专员批准，不可再进行更改。技术会议后，已注册的运动员也不可被替换，除非有不可抗力因素，而且必须由国际现代五项联盟技术代表和赛事专员共同决策。

混合接力赛中，先女子，后男子。

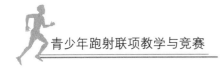

4. 热身和准备时间

对于激光跑世锦赛，可在场地旁单独划分一个热身射击区。对于已经在热身区热身的运动员，非本组比赛的运动员赛前 5 分钟全部离场，除了工作人员检查激光枪和激光靶是否完好运行时可以进入射击场地，其他人员将不再进入射击场地热身。

对于没有划分独立热身区的比赛，激光跑裁判长可以让运动员进入射击场地热身。射击位置对应运动员的出发顺序号码。1 号运动员前往 1 号射击位置，2 号运动员前往 2 号射击位置，以此类推。

没有独立热身区的射击场地，热身根据射击裁判长的指示进行（15 分钟热身至比赛开始）。射击裁判长会通知运动员 15 分钟热身开始以及最后 5 分钟、最后 1 分钟和最后 30 秒。

热身期间，运动员可以自由选择跑步或者射击，射击次数不限，持续瞄准的激光束只能在热身期间使用；教练可以在射击区外指定区域协助运动员并与其沟通。

热身结束，比赛开始前，枪支必须放在指定的射击位置。预备枪支必须放在射击台下面。

在比赛的射击场地，运动员可以使用水和毛巾，并与预备好的枪支、热身用的望远镜一同放置在射击台的下方。射击场地不可使用摄像机。

（四）赛事执行

1. 轮次

激光跑比赛按轮次进行。每轮需击中射击靶的有效区域（59.5 毫米）5 次，不限射击次数但需要在 50 秒内完成。如果超过 50 秒，运动员未能完成 5 个有效命中，需要得到身后射击裁判员的指示才能开始跑步，不产生处罚。

无论是否故障，如枪支停止运作，运动员均可以使用已经完成检验的预备枪支或备用激光管。如果预备枪支也无法正常工作，运动员必须停留在射击点等50 秒射击时间结束后再开始跑步。

当运动员需要用备用靶比赛时，需得到射击裁判 / 技术官员的许可。

2. 出发

比赛为同时出发，运动员号码按照以下规则决定。

（1）精英组：根据国家协会注册登记的运动员之前比赛的成绩时间决定。

（2）公开组：根据注册时登记的时间或随机抽签决定。

运动员需按时集合，准时起跑。

15 分钟的热身在比赛开始前 3 分钟结束。广播员会给予距离热身结束还有 10 分钟、5 分钟的通知。根据激光跑裁判长的指示，广播员宣布热身结束，所有运动员需要立即在起跑线集合，发令员和助理将进行排队。在比赛开始前 1 分钟，所有运动员必须在相应的位置准备开始。

发令员会通知距离比赛开始还有 1 分钟、30 秒、20 秒、10 秒。当计时员和激光跑裁判长都准备完毕后，发令员会通知各就位预备，然后发出比赛开始的信号；所有计时设备将同时开始计时。在起跑区域中需要一个计时器，这样方便计时员读取时间。

（3）抢跑

如有抢跑的运动员，发令员 / 广播员必须立即向运动员和观众播报。

如果运动员出发延迟，不被处罚，但他们的开始时间是从共同出发口令算起。

运动员在开始口令未发出前越过了起跑线即为抢跑。在比赛开始前，双脚必须在起跑线后方。

在射击线的抢跑和上条是同样的规则。抢跑将给予暂停 10 秒的处罚。对于非常明显的故意提早出发，将被取消比赛资格。这里暂停 10 秒的处罚在射击点执行。在给予任何处罚前，都需要通过技术代表的批准。如射击点没有执行处罚，处罚的时间将会叠加到跑步的总时间成绩里。

3. 射击

运动员需要击中正确的靶位。

运动员必须完全在射击点上，双脚站立，没有任何支撑。运动员只允许用一只手握枪和射击(11 岁以下除外)，另一只手不可对射击的手臂或手进行任何辅助。

每一次射击后，激光枪都必须触碰桌面再开始下一次。

4. 跑步

运动员必须遵照设定路径到射击场地，完成每轮相应的射击，然后跑相应的距离，最后冲过终点。

如果被裁判或广播员通知，运动员必须根据指示的时间停在最后罚停区内。最后罚停区设在射击场地和终点的中间。

比赛期间，运动员不允许接受任何身体辅助或能量补充。特殊情况下，在激光跑裁判长和技术代表的决策下可被允许。不参赛的人对参赛运动员陪跑或跟跑，会被视为未经授权的辅助。比赛进行期间，官方医护人员对运动员进行检查，或场外人士与其口头沟通不作为未经授权的辅助。

运动员 / 运动队必须完成所有跑步路径，在通过终点线的时候记录为完成时间。

5. 终点

最终时间的计算是从运动员的任何躯干部分（有别于头部、颈部、手臂、腿、手或脚）触碰终点线的垂直面边缘算起。

第一个冲过终点线的运动员将是比赛的获胜者。

比赛成绩将按照完成比赛的时间排列，越快排名越靠前。

（五）犯规和处罚

（1）运动员具有以下情况将被处罚 10 秒：违反服装规定；修改出发号码布的尺寸；抢跑；每次射击之后没有触碰桌面（在执行处罚前，射击裁判员需要在发现此情况后第一时间口头通知运动员）。

在没有完成每轮射击的情况下，50 秒时间未结束运动员就开始跑步，此处罚在射击场地执行，最后一轮射击犯规在最后罚停区处罚。

相关裁判需要得到技术代表 / 技术官员的批准后才可执行处罚。

（2）运动员具有以下情况将被罚淘汰 / 失权：没有完成跑步路径；故意或者无意偏离跑道，在路径裁判看来寻找捷径；接受未经授权的帮助；使用未经批准的枪支；射错目标靶；在得到裁判通知后，没有在最后停罚区按规定停下；在比赛期间使用恒定激光束和 / 或在热身期间使用音频通信。

（3）运动员具有以下情况将被取消比赛资格：修改或调整已被批准的枪支，这是违反规定的；更换、交换枪支；非常明显的刻意抢跑；挤压、穿梭或刻意阻挡其他运动员以阻止他们前进。

二、个人装备

（一）服装规定

比赛服装可分一件或两件，需合身。不允许穿着过于松散并不合身的衣服参赛。

对于精英组，运动员衣服背后上方必须清晰显示自己的名字，下方是国家协会代码，字体尺寸为 7 ~ 12 厘米，颜色与服装形成对比。

参加激光跑的运动员代表同一个国家协会时，必须穿着相同款式和颜色的比赛服装，以便清楚地辨识他们所代表的国家。

代表同一个国家协会参加混合接力的运动员，必须穿着相同款式和颜色的比赛服饰。

运动者必须穿运动鞋，有无鞋钉均可。如有对钉鞋的限制，当地组委会需要在邀请函中提出。

当地区组委会负责提供给每个运动者两个出发号码布。

号码布必须佩戴在衣服前后、腰部以上位置，并在任何天气条件下都可见。

（二）枪支规定

1. 概论

国际现代五项联盟可以向当地组委会提供激光枪 / 靶器材，仅用于激光跑世界城市巡回赛。所提供的器材均需经过国际现代五项联盟专家测试和管控。对于其他比赛，如运动员自带激光枪，其枪支需要根据国际现代五项联盟规定并由当

地组委会监管和测试。

2. 激光枪

只允许使用单发激光枪，并且没有任何形式的子弹或弹夹。有效射击必须通过机械扳机。

激光枪及所有部件的总重量不得超过 1500 克，必须具备垂直和水平瞄准校正的功能；最低重量为 800 克（误差 ±5%），17 岁以下的比赛枪重量为 500 克（误差 ±5%）。

手枪的总尺寸有一定的限制，必须能够完全放入一个 420 毫米 ×200 毫米 ×50 毫米的封闭盒子。盒子尺寸允许有 ±1 毫米的制造误差。最小的尺寸为 336 毫米 ×160 毫米 ×40 毫米，同样允许有 ±1 毫米的误差。

三、当地组委员会提供的设施与器材

（一）设施 – 比赛区域

1. 赛场

激光跑比赛的赛场，由射击场地和跑步路地组成。当地组委会负责提供一个安全合适的场地。

2. 跑步路径

场地标志必须清晰，使运动员在比赛过程中清楚无误地跟随路径跑步。跑步可以在任何路面进行，但路面必须使运动员受伤的可能性最小化，不得有急转弯或大幅度斜坡。

赛道必须预留足够两名运动员同时并排的宽度。如技术代表允许，可接受特殊路径或障碍物。

起点和终点必须位于同区域。

在接力赛中，起跑线和终点线必须最少 5 米宽。终点线两侧，每侧需预留 10 米，这 20 米总长设为交接区。因此，该区域的尺寸最小为 20 米 ×5 米（最短）。这个区域必须用分界线清晰地标记。

3.射击场地

射击场地室内外均可，但其构造必须保证直射太阳光不影响运动员比赛。射击靶位置需保证射程内不受阳光影响。

射击场的建设须保证运动员、教练、裁判和观众的安全。射击靶至射击线的射击距离为 10 米、7 米、5 米和 3 米（按照比赛类别），允许 ±0.05 米的误差。

射击场地的位置应保证观众可以观看和享受整个比赛过程，因此终点线应与射击场地临近。

射击位置必须标明号码，高度不得小于 12 厘米。射击 1 号位置距离出发点最远。

参赛运动员的射击位置（1 ～ 2 米宽，至少距射击桌 1.5 米）必须在地面喷漆，用侧线明确标注。侧线喷漆可使用品牌三脚架或小广告横幅代替。

射击靶须注明号码，并与射击位置的号码对应。射击靶的号码须至少 25 厘米高，以保证在正常的射击条件下，VIP 看台、观众看台及摄像师可以清楚地看见。

当地组委会必须保证提供两个备用靶，编号 R1 和 R2，设置在 1 号靶位旁。

射击靶中心的高度是从射击位置地面水平线量起，必须符合以下范围。

（1）标准高度及误差：1.40 米 ±0.05 米；

（2）水平误差：±0.25 米。

射击位置必须配备：一张高度为 0.7 ～ 0.8 米的桌子。激光枪应摆放在桌面。这里组委会应提供泡沫软垫（30 ～ 50 厘米的正方形，高度不超过 8 厘米），避免干扰系统。

桌子必须有保护枪支的设备（防水盒），或放在桌子下方。

（二）器材

1.射击靶要求

只有经过国际现代五项联盟批准的激光靶和精准激光靶才可以在激光跑世锦赛和激光跑世界城市巡回赛中使用。

2. 储物盒

当地组委会必须在每个射击位置提供运动员使用的储物盒。这些储物盒在每组比赛开始前从射击场地转移，存放在安全的地方，直到比赛结束。

3. 器材检测仪器与工具

（1）管控。衣服可由观察监控，如有必要可使用尺子。对于各种枪支的检测，组委会必须使用尺寸盒、重量秤、扳机测量装置、标尺、量角器以及注册和标记认可枪支的系统。对于激光枪和枪管，组委会必须使用仪器来检查激光束的功率、直径和时间以及电池的功率。

（2）激光枪测试。国际现代五项联盟可能会随机对射击靶和运动员的激光枪进行检测。此类测试如需要任何组委会的帮助，会事先通知。

四、处罚表

犯规类型及相应的处罚规则具体见表 4-7。

表 4-7　跑射联项处罚对照表

Offences 犯　规	Rule 规则	Penalty 处罚		
		第一次	之后	处罚地点
Contravening clothing regulations 违反服装规则	5.6.1 i	10″		P 出发门
Modifying dimensions of start numbers 修改号码布尺寸	5.6.1 ii	10″		P 出发门
False start 出发犯规	5.6.1 iii	10″		地线
Not loading each shot with the pistol in contact with the shooting table 每次射击枪支不接触射击桌	5.6.1 iv	10″	10″	地线，最后一轮在终点罚停区
Coaches assistance during warm up outside of the designated coaches area 热身期间教练员在指定区域外协助运动员	5.6.1 v	Warning 警告	10″	P 出发门
Not having the pistol in the box before the official warm up period has started 运动员在正式热身开始前未将气手枪装入枪盒内	5.6.1 vi	Warning 警告	10″	P 出发门

续表

Offences 犯　规	Rule 规则	Penalty 处罚		
		第一次	之后	处罚地点
Starting running before the shooting time has expired without having successfully completed the shooting series（"5 green lights"） 运动员在每轮未完成射击环节（击中5个靶），并在射击时间未到50秒前开始跑步	5.6.1 vii	10″	10″	地线，最后一轮在终点罚停区
Not completing the course 未完成路线	5.6.2 i	Elimination 失权		
Deviation，deliberate or not，from the course 背离路线，无论是否故意	5.6.2 ii	Elimination 失权		
Unauthorized assistance 非法协助	5.6.2 iii	Elimination 失权		
Using a non approved pistol 使用未检查合格的枪支	5.6.2 iv	Elimination 失权		
Shooting on a wrong target 射错目标靶	5.6.2 v	Elimination 失权		
Not stopping at the last stop penalty area when instructed by an official 官员告知后，运动员未到终点停罚区接受处罚	5.6.2 vi	Elimination 失权		
Using constant beam during the competition series and or audio communication outside of preparation and warm up time 在比赛过程中，使用连续击发模式；运动员比赛准备和热身期间以外，使用无线语音提示装置	5.6.2 vii	Elimination 失权		
Modifying or adjusting the approved pistol 违反规则调换或改造已检验合格的枪支	5.6.3 i	Disqualification 失格		
Exchanging for a non approved pistol 违反规则更换枪支	5.6.3 ii	Disqualification 失格		
Blatant attempt to start too early 恶意试图抢跑	5.6.3 iii	Disqualification 失格		
Jostling，running across，obstructing other athlete 挤撞、横穿或用其他方式妨碍其他运动员	5.6.3 iv	Disqualification 失格		

第五章　跑射联项比赛的指导工作

第一节　比赛前的准备工作

一、运动员参赛资格的确定

1. 注册与报名

（1）依据组委会和竞赛规程的要求准时进行注册和报名。

（2）跑射联项比赛运动员有权参加比他高一级的年龄组比赛。

2. 购买保险

比赛前，参赛队要为所有参赛运动员购买保险。只有出具有效的个人人身伤害保险证明，比赛组委会方可允许运动员参赛。

二、激光枪的运输

（1）携带激光枪外出训练、比赛的，根据《中华人民共和国枪支管理法》有关规定，应当办理《枪支弹药携运许可证》。具体办理程序为：凭射击竞技体育运动单位上级主管部门的批准文件、民用枪支持枪证复印件、全国比赛的补充通知（或者邀请函），到所在地区的市级以上公安机关办理。

（2）为及时、有效、迅速安全地完成枪支的运输工作，确保运输工作万无一失，避免和减轻因意外事故造成人身伤害和财产损失，根据《中华人民共和国枪支管理法》，并参照《中华人民共和国人民警察使用警械和武器条例》，需制定枪支押运安全预案。根据枪支押运实际情况，向当地公安机关备案枪支运输过程的主要时间和路线，并严格参照执行。

三、器材准备

器材准备具体见表 5-1、表 5-2。

表 5-1　运动员比赛所需的器材准备

项目	射击	跑步	其他
比赛所需的服装、器材	气瓶 2 支	跑鞋	运动饮料
	充气头	比赛服	领奖服
	气枪 1 支、激光枪用电池	钉鞋	运动护具
	帽子	备用装备	胶带
	眼镜、干布		

表 5-2　教练员比赛所需的器材准备

项目	射击	跑步	其他
比赛所需的服装、器材	备用电池	医用支持带	袖标
	备用枪	应急医药品	对讲机
	修枪工具		针线包
	各类证件		运动护具
			秒表

四、制订相应的计划与方案

（一）制订参赛计划

参赛计划是对比赛过程中运动队各项工作的整体规划和详细设计，明确参赛的主要任务和关键要素，并统一全队参赛思想。在制订参赛计划时，要保证计划的有效性、全面性和科学性。

1. 参赛计划包含的主要内容

（1）根据比赛性质确定参赛目标和参赛任务。

（2）根据实际情况确立参赛策略与指导原则。

（3）比赛中采用的主要技战术方案。

（4）根据参赛目标确立参赛工作重点及其基本要求。

（5）按照时间序列确定各项工作的关键环节与操作流程，结合实际情况设计具体的工作措施。

（6）明确各项工作的主要负责人与协作人员，明确工作职责，明确信息沟通方式与决策机制。

2. 制订参赛计划的注意事项

（1）要深入分析跑射联项比赛的特点，结合各单项的实际情况确定参赛计划的细节，个人项目、接力项目等比赛中需要运动员完成的任务不同，需要区别对待。

（2）注意赛制的不同，尤其是综合性比赛和常规比赛、国际比赛与国内比赛、全国冠军赛分站赛与总决赛及全国锦标赛等在竞赛规则和组织流程等方面都有可能有所差别，由此直接影响比赛的进程，在制订参赛计划时必须加以重视。

（3）要根据不同赛次的具体情况加以特别设计，预赛、决赛、个人赛、团体赛、接力赛的参赛目标不同，参赛策略各异，参赛计划也必须相应地调整。

（4）要特别关注参赛运动员的特点，年轻运动员和有经验的运动员、一般运动员和重点运动员等在比赛中的角色与任务不同，参赛计划也各有区别。

（二）制定程序化参赛方案

1. 目的

程序化参赛方案是为了保证运动员顺利地参加比赛，避免出现各种意外和遗漏情况，采用程序性安排的方式，将比赛规程中需要完成的各项工作内容、相互配合的人员、每个岗位的职责等进行整体设计，按照时间序列的方式进行详细的列举。换句话讲，就是把比赛过程中的活动进行程序化设计，明确什么时候、什么人、在什么地方、与谁合作、采用什么方式和手段完成哪些具体的比赛任务。

2. 意义

通过程序化的参赛方案设计，可以保证参赛的运动员能够明确参赛安排与工作计划，随时注意并相互提醒比赛的注意事项，形成强大的全队参赛心理；使得运动队在比赛过程中能够尽可能保持平稳的心态，全身心投入比赛，时刻清楚自己要完成的关键工作，以便集中精力完成主要比赛任务，尽可能避免运动员在比赛中因大赛紧张而遗漏一些比赛环节；便于在团队成员之间形成默契的配合，以更好地协同完成各项比赛任务，更加充分地发挥水平。

3. 程序化参赛方案主要要素

（1）比赛的性质、类型、赛次。

（2）比赛的时间、地点、场馆特点以及相关的周边环境情况。

（3）从驻地出发到赛场的交通工具、出发时间、乘车地点、行车路线、所需时间、出现交通意外情况时的备选方案等。

（4）比赛中使用的服装以及主要器材和设备清单。

（5）比赛中的热身安排，包括开始时间、热身地点、使用器具等。

（6）比赛中的营养补充方案及药品清单。

（7）运动队各个成员在比赛中的职责与主要任务。

（8）运动员和教练员等主要团队成员需要完成的各项具体工作。

（9）按照时间序列列举各项工作的详细内容，重点在于关键的时间点和关键事件，明确主要负责人和配合人员的具体职责。

（10）比赛中对手的主要情况。

（11）团队成员之间协同配合以及信息沟通的方式。

（12）比赛中可能出现的问题以及相应的应对方式。

（13）赛后总结预评估方案等。

（三）制定有针对性的战术方案

（1）根据比赛的性质和进程，明确成绩目标，建立有层次的参赛目标体系，确立鲜明的战术指导思想与基本原则，明确具体的参赛任务。

（2）要始终贯彻正确的战术思想，这对比赛的胜负起着重要的指导作用，也是整个战术体系的核心内容；同时，协调好一场比赛的战术设计与整个比赛的战略安排，以及个人单项的战术设计与混合项目的总体战术设计之间的关系，规划好赛前有针对性的战术训练安排。

（3）分层次细化战术体系，从个人战术、小组战术、全队战术的角度，分层次制定本队的战术体系，详细设定每个团队成员的战术职责，系统规划全队的战术行动。

（4）在熟知自身竞技能力特点的基础上，正视对对手的分析，全面收集对手信息，深入分析对手战术特点，预测对手的战术意图以及在比赛中可能采取的战术行动。

（5）依据比赛情报的全面分析，科学预测比赛过程中可能出现的各种情况，结合比赛环境确定具体的应对措施。

五、赛前其他安排

（一）到达赛区后的安排

1. 器材装备检查

（1）射击装备检查一般为比赛当日运动员取枪后，由裁判员在跑射场地对运动员在比赛中所用的激光枪的尺寸、重量、激光安全系数、与靶机的匹配关系（模式）等进行检查。裁判员会对检查合格的激光枪进行相应的标记，拥有标记的激光枪方可在比赛中使用。

（2）跑步装备检查通常为运动员准备活动后在起点处点名时，由裁判员对其服装上的运动员姓名、单位名称、佩戴号码等进行检查。对于装备不符合要求的运动员将按规则进行相应的处罚。

（3）接力赛比赛期间，除了对上述各单项装备进行检查外，裁判员还要对同一支队伍参赛运动员的服装装备进行检查。接力赛跑射联项的服装款式、颜色必须统一，鞋除外。

（4）根据竞赛规程，颁奖仪式上运动队（员）必须身着长袖长裤并有明显代表队标志服出席，否则取消体育道德风尚奖评选资格。

2. 组委会会议

根据比赛组委会安排，参赛运动队领队或代表须准时出席赛前的组委会会议，了解比赛的筹备情况以及技术会议、赛程安排、交通安排等比赛相关信息，并提出相应的意见或建议。

3. 技术会议

每个参赛运动队至少派 1 名代表参加技术会议。技术会议的主要内容有：确认参赛运动员名单、选举比赛仲裁委员会和比赛赛风赛纪督导小组运动队代表、领取跑射联项线路图、获取比赛详细信息。

4. 队内准备会

教练员根据技术会议所获取的比赛信息召集本队人员进行赛前准备会，会议的方式可多种，重点为宣布比赛信息、提出参赛要求、落实人员分工、统一全队思想、提升团队士气。

5. 比赛日各日程活动的人员分工和职责部署

人员分工和职责部署见表 5-3。

表 5-3 人员分工和职责部署

时间	内容	职责
	运动员起床	主教练负责敲门喊起床
	早餐	主教练负责一同前往
	全天的能量补充	主教练或队医负责
	乘坐巴士出发	主教练负责
	赛前准备	主教练、射击教练负责帮助运动员进行赛前验枪工作，运动员进行跑步准备活动
	准备活动	主教练、射击教练负责射击准备活动临场指挥
	休息及牵拉	主教练或队医负责运动员牵拉
	转回休息室	主教练负责监督运动员就餐、休息
	颁奖准备	由主教练陪同，队医协作，以备兴奋剂检查
	兴奋剂检查	主教练或队医陪同，确保检查的过程按程序进行
	发车回酒店驻地	主教练或队医陪同
	晚餐	主教练负责一同前往

（二）赛前训练和比赛日准备活动的安排

根据运动员自身特点和当时的状态，结合比赛的整体情况，主教练和单项教练应合理制订并落实运动员在赛区的训练计划和比赛日当天运动员的各单项准备活动内容。

第二节　比赛中的组织工作

一、比赛期间管理工作

1. 遵守规则、规程及细则

（1）教练员、运动员认真学习国际、国内竞赛规则，掌握竞赛规则的发展过程，了解竞赛规则改革的趋势；熟悉竞赛规程，关注运动员的国内排名，研究并掌握比赛的参赛资格办法；了解赛程赛制、竞赛办法、比赛项目设置以及录取名次等相关规定和信息。

（2）教练员或运动员代表应积极参加技术会议，认真学习该场比赛的细则和特殊规定，并严格遵守执行。

2. 严格执行赛风赛纪管理办法

（1）运动员和教练员要遵守比赛规则，尊重裁判，服从裁判判罚，对裁判判罚有异议的，应按照有关规定进行申诉，服从仲裁；尊重对手，规范行为举止，不进行语言侮辱或暴力攻击；尊重观众，与观众正常、合理地互动，不挑衅，不组织、煽动观众干扰比赛。

（2）运动员与教练员应保证比赛公平、公正，不参与体育赌博，不操控体育比赛，不违背体育道德进行虚假比赛；不采用任何手段干扰裁判员公正执法；不隐瞒或虚报运动员年龄。

（3）运动员、教练员应重视食品、药品安全，认真学习并严格遵守反兴奋剂有关规定。

3. 加强反兴奋剂工作

（1）运动员、教练员及工作人员都应严格遵守国务院颁布的《反兴奋剂条例》，严格遵守国家体育总局反兴奋剂的有关规定。

（2）运动员必须主动接受并配合国家体育总局和有关国际组织实施的兴奋剂检查。

（3）各参赛单位派专人对运动员使用的营养品进行管理、检查和使用登记，运动员使用营养品必须严格遵守国家体育总局的有关规定。原则上在组委会安排的就餐区统一就餐，不允许外出就餐。

（4）运动员因病需服用药物的，应征求本队医务人员的意见，避免误服误用。如涉及违禁药物或禁用方法，应按程序申请治疗用药豁免。

4. 注意日常管理事项

（1）认真遵守比赛组委会的训练和竞赛日常安排，根据组委会的交通安排，合理组织本队的训练和比赛出行，准时抵达训练、比赛场地或集合地点，带齐训练、比赛相关装备。

（2）爱护训练、比赛器材，不私自安装、拆卸训练、比赛场地设施设备，干扰比赛组织筹备。

（3）准时参加组委会组织的各项会议和活动，不迟到早退，并按照规定着装，积极配合组委会工作。

（4）根据组委会的要求，在指定地点存放比赛器材，服从、配合组委会的规定和安排，管理好本队的枪弹存取工作。

（5）根据组委会公布的就餐时间和地点，按时就餐；须在比赛场地用餐的，应主动与组委会沟通协调。

（6）运动队在比赛期间组织外出活动的，无论是否需要组委会协助，都应告知组委会相关情况；外出期间，应注意人身和财产安全。

（7）认真遵守组委会的有关管理规定，遵守作息时间，不影响他人休息和工作。

（8）保持环境整洁卫生，注重个人仪表和行为规范，爱护公众财务。

二、对运动员的激励

1. 赛前准备活动中的激励和动员

（1）教练员根据跑射联项各项的比赛特点，加强专项动作分析，尤其是根据比赛过程中运动员需要完成的主要动作，确定完成该单项比赛的重点部位以及主要的供能系统，设计有针对性的热身方式和身体动作序列。

（2）根据跑射联项个人比赛和混合接力比赛的特点，要特别关注比赛组委会安排的热身时间；同时注意在充分热身的前提下尽量减少热身过程中的能量损耗；保证比赛与比赛之间的有效休息与快速动员和激发，确保运动员在连续比赛中能够始终保持良好的状态。

（3）在完成物理热身、实现运动系统有效激发的基础上，要特别注意保证神经系统通过热身得到有效的合理激发，达到适宜的兴奋水平，从而可以更好地控制运动系统和能量系统，为更好地投身比赛提供充足的神经动能与身体准备。

2. 比赛中教练员对运动员的激励

（1）教练员是竞技场上的导演，一个优秀的教练员能够及时和准确地了解运动员的需要、兴趣、动机，利用激励策略，不失时机地调节运动员的动机强度水平，解决各动机之间的矛盾，调动运动员的积极性，使运动员心理活动的方向与比赛保持一致，并能采用多种训练方法来加强运动员的心理品质，激发运动员战胜困难的信心。

（2）教练员不仅要对运动员发挥"权威者"的作用，更要起到"心理治疗者、朋友知己"的支持作用。对运动员既要严格要求，是运动员的严师；又要循循善诱，体贴关心，是运动员的好朋友。在关键时刻，要敢于要求，敢于激励。

（3）加强与运动员的沟通，使运动员迅速、准确、完整地接受和理解教练员的教学内容。教练员在沟通技巧上要注意以下几个方面：

① 沟通要有明确的目的。

② 沟通前，教练员对内容的概念十分清楚。

③ 沟通前应对发出的信息做必要的计划、组织和安排。

④ 发出的信息中，如果有些概念是对方不懂或不清楚的，应先予阐明。

⑤ 沟通时，注意态度和语调，包括表情，语速的快慢、停顿、省略、轻重等。

⑥ 语言表达时，注视运动员的表情反馈，如果运动员有发言的表示，应停下来让他说。

⑦ 在接受运动员的信息时，应尽快理出运动员的思路和表达方式特点。

⑧ 沟通时的环境因素。

⑨ 其他，如与运动员之间的地位、年龄差异，运动员的个性特征，运动员此时可能存在的各种心理障碍、情绪状态等。

三、教练员的临场指挥

（1）跑射联项（除热身期间外）不允许教练员在比赛过程中对运动员进行指挥或指导。

（2）提高教练员应对临场指挥中巨大压力的能力。临场指挥是一种风险决策，一次决策活动可能会带来积极的效果，也可能使比赛更趋困难，甚至导致失利，这些不确定因素和结果都可能对教练员造成有形或无形的压力。教练员如果缺乏足够的抗压能力，患得患失，则很有可能错失战机甚至做出错误的决策，因此教练员要不断地积累、总结经验，努力培养自身敏锐的洞察力以及果敢的性格，根据场上的具体情况做出调整。

四、突发事件的应对

根据跑射联项比赛的规则、流程和特点，运动队要全面分析可能出现的各种特殊情况，有些可能是自身原因，如器材损坏、证件丢失等；有些可能是外部原因，如竞赛日程变更、裁判错判漏判等。

要通过赛前的全面分析，制定相应的应对方案，把比赛中的各项参赛工作具体到点、落实到人，保证有章可循、有条不紊。

根据比赛的性质、重要性以及赛程的安排，运动队可在赛前组织有针对性的应急演练，在实际操作过程中，提高队伍解决问题的协同配合能力。

第三节　比赛后的总结

一、个人总结

比赛简述：运动员对自己的比赛情况、成绩进行简单介绍。

自我评价：运动员对自己在比赛中的表现进行自我评价。

比赛收获：结合训练，进行数据对比，总结进步的原因。

存在的问题：结合比赛中出现的问题、自己的表现，对比对手情况，以数据分析找出问题所在。

下阶段设想：针对自己存在的问题，对训练提出合理性建议。

二、运动队总结

赛事介绍：对比赛的情况进行介绍。

比赛成绩：比赛数据及数据的对比。

分析对比：用数据对运动员、主要对手进行综合分析。

比赛评价：对运动员取得的成绩、比赛中的表现进行评价。

比赛收获：对比赛中取得的进步、收获进行叙述。

存在的问题：对运动员存在的问题、教练员执教过程中存在的问题进行分析。

下阶段训练设想：针对比赛中发现的问题，进行下阶段训练计划的设计。

第六章　跑射联项竞赛规则和裁判法

第一节　竞赛规则

一、武器检查

（1）验枪内容包括：口径、枪支尺寸、枪重、单次击发测试、激光光点大小等（即取消扳机压力测试）。其中，枪支尺寸不允许超过 420 毫米 ×200 毫米 ×50 毫米（量枪盒尺寸允许误差 ±1 毫米），也不得小于 336 毫米 ×160 毫米 ×40 毫米（量枪盒尺寸允许误差 ±1 毫米）；枪重不允许超过 1500 克，也不得小于 800 克（允许误差 ±5%），17 岁以下比赛，枪重不得小于 500 克（允许误差 ±5%）。

（2）武器检查后，除准星和电池外，枪支的任何部位均不能进行改动或更换。

二、热身时间

热身时间的前 8 分钟教练员可以在靶位协助运动员调试枪支，之后必须进入教练员指导区。

三、比赛形式

（1）成年、青年、少年 A 级个人赛：4 组射击（每组时间 50 秒）和

4×800 米跑步。

（2）成年、青年、少年 A 级接力赛：2 组射击（每组时间 50 秒）和 2×800 米跑步。

（3）其他组别的比赛按国际比赛规则执行。

★四、取消"非持枪手超过膈肌处罚 10 秒"的规定

★五、跑射联项比赛有效环数为 7 环

六、处罚界定

（1）"出发犯规"与"恶意抢跑"：出发踩线或抢跑时间在 10 秒以内（不含 10 秒），视为"出发犯规"，罚停 10 秒；抢跑时间在 10 秒及以上，视为"恶意试图抢跑"，判罚失格。

（2）运动员在每轮未完成射击环节，且射击时间未到 50 秒开始跑步，若其抢跑时间在 10 秒以内（不含 10 秒），则罚停 10 秒；若其抢跑时间在 10 秒及以上，则视为"恶意试图抢跑"，判罚失格。

（3）激光跑比赛中，运动员跑错靶位应及时纠正，如没有干扰到其他运动员正常比赛且未触摸别人的枪支，不受处罚；如触摸到别人的枪支或者干扰到别的运动员正常比赛（例如挤撞、阻挡别的运动员正常进入射击靶位等），将直接给予失权的处罚。

（4）运动员在射击靶位区域跨越隔离墩，按"背离路线"判罚失权。

（5）激光跑比赛中，无论什么原因，运动员击发一枪后，激光靶灯显示击中一发以上，都将被判定为击中一发。

① 若由于激光枪问题导致该结果，运动员不更换射击靶位，且须在激光靶 5 个灯全显示后补射剩余命中，完成 5 次有效的击发才可以出发。因激光靶灯从显示命中到恢复初始状态所需的时间将计算在该运动员激光跑的总时间内。

② 若由于激光靶问题导致该结果，在裁判长的安排下，运动员将被更换至备用靶，并在剩余时间内完成剩余靶数；换靶时间将从总时间中扣除（备用靶不

够时，裁判长将根据其他运动员的射击完成情况，安排该运动员在临近的靶位上继续比赛，但是该运动员在接下来的射击轮次中，需先回到自己原有的射击位，再由裁判长进行安排）。

（6）运动员在跑步或者进入射击位置的过程中应该在自己合理的行进路线上。在运动员被套圈过程中，如果该运动员被套圈前出现任何不正常举动的苗头（刻意减速、S形跑、频频回头等），路点裁判员有权立即终止该运动员的比赛，并且立即清理出赛道。

（7）运动员在赛道上超越对手时，应注意保持合理距离，不得与被超越运动员发生肢体接触，也不得影响被超越运动员的正常行进，否则将判罚失权。

（8）跑步终点冲刺道为开放式，若跑错路线或跨越围栏，按"背离路线"判罚失权。若运动员在岔道口意识到跑错路线，并及时纠正（不反向行进、不跨越围栏），在没有干扰到别的运动员正常比赛（例如挤撞、阻挡别的运动员正常跑步等）的情况下，其斜插、横穿跑步不受处罚。

七、特别说明

（1）激光跑热身期间，如运动员认为自己的激光靶有故障，可以向射击裁判长提出；经查验确有问题后，可以更换靶子或者靶位。如热身期间或之前，射击靶、灯出现大面积故障，组委会有权决定激光跑分为两轮或三轮举行。

（2）激光跑比赛中，在枪靶配对期间和热身活动期间（其中热身活动为热身结束前3分钟，即教练员退出指导区提示前），如果运动员发现比赛枪支出现机械故障（例如枪支损坏或激光发射器硬件故障等），可使用经检查合格的备用枪或在不影响正常比赛的前提下，由裁判员为运动员重新验枪。重新验枪期间，运动员损失的准备时间或热身时间不予弥补。

（3）裁判员不接受靶灯击中不亮的申诉。

（4）在激光跑比赛中，射击桌上只能留有海绵垫和比赛激光枪，其余物品需被清除。

（5）激光跑比赛中，跑步每圈800米，允许误差为±5米；10米射击距离

允许误差 ±0.05 米。

（6）所谓"阻挡"就是为使自己或者利益相关的运动员（队）取得好成绩，而在跑步过程中故意改变行进路线或放慢速度，以身体阻挡对手，迫使其减速或绕道的行为。表现为突然斜插到对手前方造成身体接触；呈"S"形行进以阻挡对手超越；在窄道或弯道处，有意降低跑速以阻碍对手正常超越等。

第二节 跑射联项裁判法

一、靶子模式

在比赛中使用的模式主要有 3 种：

（1）HT 模式——只显示有效击中；

（2）HTM 模式——显示击中或未击中；

（3）LPT 模式——显示精准击中环数。

二、权威人士

（1）组委会必须指定激光跑裁判长并由他全权负责，其职责为：

① 指定两名副裁判长，分别负责跑步和射击部分；

② 负责激光跑的正确实施；

③ 允许运动员开始热身。

（2）负责射击部分的激光跑副裁判长（射击裁判长），其职责为：

① 指定并领导地段裁判员、地线裁判员、射击裁判员、枪支器材检查人员及所有场地人员；

② 负责射击项目的正确实施；

③ 负责和地段裁判员一起迅速排除设备故障，并保证射击场内有技术专家和器材保障；

④ 提前 30 秒通知运动员、教练员射击场上热身时间结束（比赛前 3 分钟

结束）；

⑤ 负责将所有报告的犯规和处罚与技术代表沟通；

（3）地段裁判员（每10个靶位指定一名地段裁判员），其职责为：

① 检查运动员是否使用正确的射击位置和正确的目标靶；

② 检查运动员的姓名和出发号码，以确保他们按照激光跑的程序、出发顺序、记分卡和现场登记执行；

③ 检查运动员的服装（T恤及姓名、号码、袖章、臂章等）；

④ 协助进行可能的武器检查和赛后控制；

⑤ 检查运动员是否在正确的射击位置；

⑥ 检查运动员是否干扰其他运动员；

⑦ 与地线裁判员合作，检查并实施在射击地线执行的运动员10秒处罚（在执行任何处罚之前，均需要得到技术代表或激光跑裁判长或射击裁判长的批准）；

⑧ 监督射击靶的正确实施；

⑨ 维持赛场秩序，要特别注意安全；

⑩ 确保记录所有的违规、扰乱和处罚；

⑪ 所有的犯规和处罚都要通知射击裁判长。

（4）靶位裁判员（射击裁判员），其职责为：

① 比赛前准备射击靶；

② 比赛全程辅助射击裁判长；

③ 协助验枪，并作为枪支器材检查人员的补充。

（5）在国际A类比赛中，射击裁判长必须为每个靶位指定1名地线裁判员；其他类别比赛时，每2个靶位指定1名地线裁判员，其职责为：

① 观察所有子弹的发射；

② 注意运动员每次击发后做开、闭枪锁时是否接触射击桌；

③ 每轮射击后，检查枪支是否处于正常状态（枪放在桌上，射击设备保持正常运行）；

④ 任何违反规则的行为都要马上通知射击裁判长；

⑤ 与地段裁判员合作，检查并实施在射击地线执行的运动员 10 秒处罚；

⑥ 所有的靶子模式，在第一次尝试射击后秒表开始计时（如果第一次射击指示灯没有显示，射击裁判员必须通知运动员。射击裁判员必须在 50 秒时限前 5 秒通知选手，"××号还有 5 秒"，并在 50 秒时限后，命令选手，"××号出发"）。

（6）负责跑步部分的激光跑副裁判长（跑步裁判长），其职责为：

① 指定、协调所有跑步项目裁判员的活动，包括路线裁判员、起终点裁判员、发令员、副发令员、助理发令员、终点裁判员、计时员、记录员、广播员、终点罚停区裁判员；

② 监督路线设计和比赛实施；

③ 确保路线、器材装备符合国际现代五项联盟规定，包括广告条幅；

④ 必须确保国际现代五项联盟规则的实施，有权对违犯规则的运动员或其他人员进行处罚；

⑤ 指定专门的裁判员，负责协调起终点、射击地线和终点罚停区。

（7）路线裁判员协助跑步裁判长工作，无最终裁决权。由跑步裁判长指定在路线上的合适位置，观察运动员是否犯规、偏离路线和非法协助，或其他人员是否违反有关规则，及时以书面形式报告跑步裁判长。

（8）起终点裁判员全面负责出发区、终点区和射击场地秩序，除参赛运动员和官员以外，禁止其他人员进入和滞留。起终点裁判员可以有一个或多个助手。

（9）发令员全面控制起跑线上的运动员，是处理与起跑相关事宜的唯一裁判员。他们负责自己的表与计时员、助理发令员的表保持一致，在正确时间为第一名运动员发令并在出发前告知运动员剩余时间。发令员实行抢跑犯规处罚应告知广播员。

（10）副发令员每条起跑道 1 人，协助发令员。副发令员不得与运动员发生身体接触，其职责是确保运动员计时出发。

（11）助理发令员每条起跑道 1 人，负责检查本道内运动员，确保他们按正确的顺序和时间排队，穿戴有名字和国家代码的统一服装（号码布必须紧系在胸前和背后）。任何违反上述规则的情况必须马上报告跑步裁判长。

（12）终点裁判员负责在终点记录运动员的到达顺序。要求两组裁判员分别独立工作，每组2人。

（13）计时员使用秒表、有数字显示或无数字显示的人工操作电子计时器。所有此类计时设备在规则中均称为"秒表"，不论是否使用自动计时装置。通常情况下，应有3名计时员。其中一名为计时长，负责记录运动员的时间。

（14）广播员负责公布参赛运动员的姓名和号码以及有关信息，如间隔时间。负责公布先期的倒计时至比赛开始前1分钟，之后的1分钟倒计时由发令员负责；收到相关信息（名次、时间、积分）后，应在最快时间内对外公布。

（15）终点罚停区裁判员由2人组成，位于指定的判罚区（距离终点线400～600米），实施无法在射击地线进行的处罚。

（16）枪支器材检查人员负责测试枪支和其他射击装备。

三、竞赛组织和计划安排

比赛器材、装备及着装包括运动员在激光跑比赛中使用的所有材料、装备、比赛器材及服装，包括广告，需在赛前做好准备。

1. 通用

（1）比赛前进行设备检查。手枪在比赛前一天进行测试并且将被存放在组委会或被密封直到热身开始。随机的手枪检验可以在激光跑后直接进行。对于国际现代五项联盟类别"A"的比赛，这是强制性的。

（2）国际现代五项联盟提供相关的激光测试设备，组委会提供其他射击测试设备。这类手枪测试可能会在比赛开始前一天进行，分别针对不同性别和/或赛后进行。所有技术参数均可根据现代五项设备规定进行测试。比赛后的测试立即在激光跑后进行。在最后一名运动员开始最后一圈后，射击场应立即关闭。被选中接受检查的运动员或代表队可跟随测试人员，并跟随检查和测试手枪。

（3）运动员必须在规定时间到装备检查处报到，进行装备检查，检查合格的装备须做标记。

（4）每名运动员最多只能带一支备用手枪或枪管进行装备检查。备用枪必须直接带到射击场内，装入枪盒，放在自己的射击位置上。热身结束后，场地工作人员将不允许备用枪存放。

（5）枪支器材检查处必须在比赛前提供一套完整的计量器和检查设备。

（6）如手枪不能使用，运动员可使用另一支手枪，但该手枪由运动员提供，且事先已经过枪支器材检查处的检查、批准和标记。

（7）手枪的重量、单一发射、尺寸须经装备检查处检查。所有检验合格的枪支均需标明，以证明可以用于比赛。

（8）所有经批准的设备都必须在控制卡上加盖印章或标签并加以记录。设备控制区必须登记运动员的姓名、手枪的制造商、型号和序列号。该批准仅对相关事件有效。在有容器的情况下，应放置密封／贴纸，使激光枪容器在设备测试后不受干扰。

（9）检查合格的装备，在赛前或赛中不得违反射击规则以任何方式改动或调整，除非经过地段裁判员的允许，并在其监督下进行。

（10）任何未经许可的改动或更改都将受到处罚，如果有任何更改的疑议，枪支必须重新检查。

（11）在接力比赛中，只有比赛运动员的枪支可以放在射击桌上，只有运动员有权把枪支从射击桌下的存放处移至桌面。

2. 出发顺序

每个运动员在先前比赛后的得分加起来，这些分数被转换为激光跑的交错起跑时间，一个积分等于1秒。得分最多的运动员在信号（0'00）时第一个出发，并在1号靶位进行射击。

3. 方式

射击比赛是连续的。每一轮包括在一个有效区域为59.5毫米的目标上，在最长50秒的时间内，以无限的次数命中5次目标。如果在50秒内没有击中一个或多个目标（或者运动员没有击中有效区域5次），运动员可以开始跑步而不被处罚，前提是手枪按照规则5.4.1的规定是安全的。

4. 开放范围

（1）组委会将在技术会议上确认热身的程序。

（2）射击裁判长要求运动员进入射击场。每个射击靶位都对应着运动员的出发位置。运动员1号在1号射击靶位，运动员2号在2号射击靶位等。

（3）准备就绪后，射击裁判长适时下达开始命令。

（4）每位运动员只有一名教练可以协助，但在整个热身过程中，必须待在裁判员身后，以避免与跑步运动员发生干扰和冲突。采用"单向"行进，避免与跑步运动员发生干扰和冲突。出发前10分钟，所有教练员必须通过"教练员请离场"的命令，清理场地。

（5）热身时间内运动员可以跑步和不限次数地射击。激光枪光电定位功能只能在热身阶段使用。

（6）在射击地线，运动员可以饮水、使用毛巾，但必须与备用枪及热身期间使用的望远镜一起放在射击桌下方。摄像装置不允许在射击位置使用。

（7）射击热身时射击裁判长会通知运动员最后5分钟，最后一分钟和30秒。

（8）热身后和开始信号前手枪必须在指定的射击桌。备用手枪必须放在射击桌下的盒子里。

（9）热身期间，教练员可以在射击地线和跑步路线外指定区域内与运动员进行协助和交流。

（10）射击热身在比赛开始前3分钟结束，教练员必须离开比赛场地，运动员去起点集合。

四、比赛行为规范

1. 安全条例

（1）安全规定由组委会根据主办国家的相关法律制定。组委会负责将这些规则通知所有事件参与者，并提供他们的申请。

（2）所有赛事参与者和观众的安全都要自律，谨慎处理手枪，以及每个相关人员在比赛区域走动时要小心谨慎。运动员和代表队的责任是确保他们安全有效地使用手枪。

（3）为了安全起见，技术代表、激光跑裁判长或射击裁判长可随时停止激光发射。运动员和团队官员必须立即通知射击场官员任何可能危险的情况或可能导致事故的情况。

（4）手枪只能放在射击靶位上，不允许携带手枪离开射击位。

（5）如果发出"停止"的命令，所有运动员必须停止射击，立即把手枪放在桌子上，枪口指向靶子的方向。

（6）在每轮射击的最后一枪结束后，运动员必须在离开射击位置前确认手枪处于安全模式，激光手枪自动处于"安全模式"（不能触发射击）。

2. 出发

比赛为同时出发，运动员号码按照以下规则决定。

（1）精英组：根据国家协会注册登记的运动员之前比赛的成绩时间决定。

（2）公开组：根据注册时登记的时间或随机抽签决定。运动员需按时集合，准时起跑。

（3）如有任何抢跑的运动员，发令员/播报员必须立即向运动员和观众播报。

（4）如果运动员出发延迟不被处罚，但他们的开始时间是从共同出发口令计算起。

（5）运动员在开始口令未发出前越过了起跑线即为抢跑。在比赛开始前，双脚必须在起跑线后方。

（6）在起点及射击地线抢跑，均采用出发犯规规则，罚停10秒，如恶意抢跑判罚失格。

（7）广播员负责宣布"距离比赛开始还有10分钟、5分钟"。广播员将在激光跑裁判长的示意下，宣布"射击热身结束"，所有运动员必须到达出发区域，副发令员开始按顺序集合运动员。比赛开始前1分钟，所有运动员必须在对应出发门按出发顺序列队。

（8）发令员宣布"距离比赛开始还有1分钟、30秒、20秒、10秒"。激光跑裁判长、计时裁判员准备就位后，发令员将为第一位运动员下达"Take Your

Marks"口令，随后发令。

（9）所有计时设备在开始信号发出时启动。

3. 射击项目

（1）每一个运动员都必须使用他们指定的射击靶位。每队必须使用相同的指定目标。

（2）运动员负责射击正确的靶子。

（3）运动员必须双脚着地，自由站立，身体的任何部分都不能触碰桌子，完全站在射击位置内。否则，每一次犯规都将被扣 10 分。整个手枪必须拿着，只用一只手射击（11 岁以下的类别除外），不能用另一只手支撑射击的手臂或手。否则，运动员将被判罚失权。

（4）手枪必须在每次射击之间接触桌子，否则运动员将被处罚。

（5）只有在成功完成每一轮射击，或 50 秒之后，运动员才能开始跑步。在最后一轮之后，运动员必须越过跑步终点线。

（6）未考虑故障。当手枪不能使用时，运动员可以使用备用手枪或另一个必须经过批准的枪。如果因故障而未开枪，运动员可以不间断地使用备用手枪。如果备用手枪也不能使用，运动员必须在射击位置等待，直到 50 秒的射击时间结束后才能开始跑步。

（7）可以使用预备靶位，但运动员需要获得射击裁判长的许可才能更换至预备靶位。

4. 跑步项目

（1）运动员必须按照路线完成相应的出发、跑步、射击，最后冲过终点。

（2）如果运动员被裁判员或者广播员通知，该运动员必须在规定时间内停在相应的区域。

（3）在比赛过程中，任何运动员均不得接受任何帮助或休息。在特殊情况下，如果裁判长和技术代表允许，才可以这样做。

（4）在比赛过程中，由官方医务人员进行的身体检查以及没有参加比赛的人进行的口头或其他交流，不算是未经授权的协助。

（5）参加比赛的运动员以及团体必须完成比赛。

5. 终点

最后 30 米应该是直线并且是摄像机和观众可见的位置。终点线应该设计为在地面宽度为 5 厘米的白线。运动员身体的任何部分（区别于头部、颈部、手臂、腿、手或脚）到达终点线较近边缘的垂直平面时，都将进行计时或停表。

6. 计时

所有完成比赛的运动员时间都会被记录。有三种正式的计时方法可供选择：手动计时；从照片系统里获得的全自动定时；由应答器系统提供的定时。在"A"类比赛中，不允许手动计时。

当自动判决和计时装备被提供，就一定要用作决定比赛的获胜、名次及时间。这样确定的结果和时间优先于计时员的决定。如果发生故障或机械故障，计时员的决定将优先考虑，并且必须参考所有人工记录的时间。在所有 A 类比赛中，终点线必须有录像。

（1）手动计时

① 计时员应尽可能与终点保持一致。

② 计时员应使用带有数字读数的手动电子计时器。

③ 三位计时裁判员（其中一名为计时裁判长）为所有运动员提供时间。

④ 每一名计时裁判员都分别计时，在记录了成绩之后，上交到计时裁判长，然后计时裁判长根据记录时间确定最终时间。

⑤ 手动计时裁判员需将时间精确到 0.1 秒。

⑥ 比赛中如果两块表的时间相同而与第三块不同，则以前两块的时间为准；如果三块的时间都不同，则以中间的时间为准；如果只有两块表成绩有效，则取成绩快的一组为最终成绩。

⑦ 计时裁判长按照上述方法执行，并负责最终的成绩发布。

（2）全自动计时系统

① 在所有奥运会比赛中均使用国际现代五项联盟批准的全自动计时和照片整理系统。由起动器自动起动。

② 系统必须通过一个垂直的摄像机记录终点，位于终点线的延伸处，产生连续的图像。图像还必须与均匀标记的时间刻度在 1/100 秒内同步。

③ 运动员的位置应通过与时间刻度垂直的标识从图像中识别。

④ 系统必须自动确定并记录运动员的完成时间，并且必须能够生成显示每个运动员时间的打印图像。

⑤ 至少有两个相机工作，每边一个。这些定时系统在技术上是独立的，即具有不同的电源和记录。

⑥ 项目负责人应确定运动员的名次及正式时间，确保这些结果正确输入或传递到竞赛结果系统并传递给成绩记录团队。

⑦ 系统开始的时间应被视为正式时间，除非出于任何原因，相关官员认为这些时间显然是不准确的。如果是这样，备份计时员的时间，根据从照片完成图像中获得的时间间隔信息进行调整。当计时系统出现故障时，必须指定这样的备份计时员。

⑧ 从照片完成图像中读取并记录时间如下：时间应该读到 1/100 秒，记录到 1/10 秒。

（3）应答器系统提供的计时

① 在开始、沿着跑道或终点线使用的任何设备都不应构成运动员跑步的重大阻碍或障碍。

② 运动员制服、围嘴或鞋上携带的应答器及其外壳的重量不显著。

③ 系统由起动器枪启动或与起动信号同步。

④ 系统不需要运动员在比赛过程中、终点或结果处理的任何阶段采取任何行动。

⑤ 分辨率是 1/10 秒（也就是说，它可以将完成 1/10 秒的运动员分开）。对于所有的比赛，时间均应该读到 1/10 秒，并记录到整个秒。

五、违规及处罚

1. 运动员 / 运动队如出现以下违规将被受到 10 秒的处罚

（1）违反服装规则。

（2）修改参赛号码布尺寸。

（3）出发犯规。

（4）热身结束和每轮射击后气手枪放置不安全。

（5）每次装弹时不接触射击桌。

（6）热身阶段，教练员在指定区域外协助运动员，第一次警告，第二次处罚 10 秒钟暂停。

（7）不自由站立，不碰桌子，双脚着地在射击位置内；在执行这种处罚之前，必须发出警告。

2. 运动员 / 运动队失权

（1）未完成比赛。

（2）有意或无意偏离赛道。

（3）未经授权的协助。

（4）使用未经批准的手枪。

（5）射向错误的目标靶。

（6）未按规定站在指定区域。

（7）比赛期间使用或在赛前准备和热身时间外进行音频交流。

（8）双手持手枪。

（9）接力中不正确地更换棒次。

（10）在射击时间结束前开始起跑，没有成功完成每轮射击。

3. 运动员 / 运动队失格

（1）修改或调整检验合格的手枪，使其违反规则。

（2）违反规则更换手枪。

（3）试图提早出发。

（4）推搡、冲撞或阻碍其他运动员，阻碍他们的前进。

（5）未成功完成每轮射击后，在射击时间结束前开始起跑。